# 人力资源管理
# 理论与实务

张洪锋　蒋雪芹　刘　清◎著

四川科学技术出版社

图书在版编目（CIP）数据

人力资源管理理论与实务 / 张洪锋，蒋雪芹，刘清著 . -- 成都：四川科学技术出版社，2024.5
ISBN 978-7-5727-1336-1

Ⅰ.①人… Ⅱ.①张… ②蒋… ③刘… Ⅲ.①人力资源管理 Ⅳ.① F241

中国国家版本馆 CIP 数据核字（2024）第 090853 号

**人力资源管理理论与实务**
RENLI ZIYUAN GUANLI LILUN YU SHIWU

著　　者　张洪锋　蒋雪芹　刘　清

出 品 人　程佳月
责任编辑　黄云松　陈丽
助理编辑　陈室霖
选题策划　鄢孟君
封面设计　星辰创意
责任出版　欧晓春
出版发行　四川科学技术出版社
　　　　　成都市锦江区三色路 238 号 邮政编码 610023
　　　　　官方微博 http://weibo.com/sckjcbs
　　　　　官方微信公众号 sckjcbs
　　　　　传真 028-86361756
成品尺寸　170 mm × 240 mm
印　　张　8.75
字　　数　175 千
印　　刷　三河市嵩川印刷有限公司
版　　次　2024 年 5 月第 1 版
印　　次　2024 年 5 月第 1 次印刷
定　　价　65.00 元

ISBN 978-7-5727-1336-1

邮　　购：成都市锦江区三色路 238 号新华之星 A 座 25 层　邮政编码：610023
电　　话：028-86361770

随着知识经济时代的到来和经济全球化的迅速发展，人们越来越认识到人力资源的重要性。人力资源管理是一门已具有比较成熟的理论体系的学科，具有应用性强和实操性强的特点，同时也是一门技术。如何学好人力资源管理理论，如何指导并做好实践工作，是广大人力资源从业者遇到的主要问题。现代人力资源管理以"人"为核心，视"人"为资本，把"人"作为第一资源加以开发，既重视以事择人，也重视为人设事，让员工积极主动地、创造性地开展工作。管理的出发点是"着眼于人"，既考虑人的个性、需求的差异，又考虑客观环境对人的影响，用权变的观点开展工作，从而达到人力资源合理配置、人与事系统优化的目的，以使组织获得最佳的经济和社会效益，维持组织的竞争优势。人力资源管理的内容不是一成不变的，随着经济社会的不断发展，它的管理理论和实际应用需要不断更新。人力资源的开发与利用，关系一个企业的成败，甚至会影响国家的综合国力。不管是什么样的组织，也不管组织的规模如何，组织中人的因素都起着关键的作用。因此，如何允分调动企业员工的积极性、主动性、创造性，发挥人力资源的潜能，已成为现代管理的核心内容，加强人力资源管理工作已迫在眉睫。

本书首先从整体上介绍了人力资源管理的基本原理和方法，详细地阐述了人力资源管理的基础知识，即人力资源的概念与特征、人力资源管理的构建体系等内容；接下来依次介绍了员工招聘与配置、员工培训与开发等内容，即人员甄选、内部招聘与外部招聘、招聘流程及技术、员工培训的流程、员工培训的方法等内容；然后进一步介绍了绩效管理的相关内容，即绩效管理、绩效考核等内容；最后还介绍了人力资源规划的相关内容，即人力资源规划的发展趋势和影响因素、人力资源规划的内容和过程、人力资源规划的基本程序与主要方法等内容。

本书是理论与实践相结合的成果。本书内容较为完整，结构清晰，语言通俗易懂，针对性强，内容实用，可作为企业人力资源管理从业人员的业务参考用书。

# 目　录

# 第一章　人力资源管理概述

## 第一节　人力资源的概念与特征

### 一、人力资源的概念

目前所理解的"人力资源（Human Resources，简称 HR）"的概念，是由管理大师彼得·德鲁克于 1954 年在其著作《管理实践》中正式提出的。他认为，人力资源是一种特殊的资源，必须通过有效的激励才能开发利用，并为企业（本文某些地方也称作"组织"）带来经济价值。后来的学者对人力资源的含义给出了多种不同的解释，根据研究的角度不同，可以将这些定义分为两大类。

第一类主要是从能力的角度来解释人力资源的含义，具体如下。

所谓人力资源，是指能够推动整个经济和社会发展的劳动者的能力，即处在劳动年龄的已直接投入建设和尚未投入建设的人口的能力。

所谓人力资源，是指人类可用于生产产品或提供各种服务的活动、技能和知识。

所谓人力资源，是指包含在人体内的一种生产能力，它是表现在劳动者的身上、以劳动者的数量和质量表示的资源，对经济起着生产性的作用，并且是企业经营中最活跃、最积极的生产要素。

所谓人力资源，是指劳动生产过程中可以直接投入的体力、智力、心力总和及其形成的基础素质，包括知识、技能、经验、品性与态度。

第二类主要是从人的角度来解释人力资源的含义，具体如下。

人力资源是指一定社会区域内所有具有劳动能力的适龄劳动人口和超过劳动年龄的人口的总和。

人力资源是指组织的内部成员及外部的客户等人员，可以为组织提供直接或潜在服务及有利于组织实现预期经营效益的人员的总和。

人力资源是指能够推动社会和经济发展的具有智力和体力劳动能力的人的总称。

人力资源是指人拥有的知识、技能、经验、健康等"共性化"要素和个性、兴趣、价值观、团队意识等"个性化"要素以及态度、努力、情感等"情绪化"要素的有机结合。

我们认为，所谓人力资源，是指在一定范围内能够为社会创造物质财富和精神财富，具有体力劳动和脑力劳动能力的人口的总和。

对人力资源概念的理解，需要从以下几个方面来把握。

这里的"一定范围"可以大到一个国家和地区，即宏观角度的人力资源；也可以小到一个组织，即微观角度的人力资源。

人力资源的实质是要能为社会创造物质财富和精神财富。

人力资源表现为具有劳动能力的人口的总和，不仅包括体力劳动能力，还包括脑力劳动能力，这是人类所独有的，并以人体为其存在载体的资源。

## 二、人力资源的特征

人力资源相对于物质资源具有以下突出的特征。

### （一）能动性

人力资源的能动性是人力资源与其他资源相区别的主要特征。人力资源的能动性包括以下要点：①人具有意识。人清楚活动的目的，可以有效地对自身活动作出选择，调整自身与外界环境的关系。②人在生产活动中处于主体地位。人是支配其他资源的主导因素。③人力资源具有自我开发性。在生产过程中，人一方面会对自身造成一定的损耗，而更重要的一方面是可以通过合理的行为，得到补偿、更新和发展。④人力资源在活动过程中具有可激励性。通过相关激励机制提升人的工作能力和工作动机，可以提高工作效率，激发工作潜力。

## （二）双重性

人力资源同时具有生产性和消费性。人力资源的生产性是指人力资源是物质财富的创造者，人力资源的消费性是指维持人力资源需要消耗一定的物质财富。生产性和消费性是相辅相成的。生产性能够创造物质财富，为人类或组织的生存和发展提供条件；消费性则能够保障人力资源的维持和发展，是人力资源本身的生产和再生产的条件。

## （三）时效性

人力资源存在于人的自然生命体中，人力资源随着人的体力和脑力的变化而发生变化，其时效性一方面是指人力资源的形成、开发和利用会受到人的自然生命规律的限制；另一方面是指人力资源如果长期不用，便会荒废和退化。所以，对人力资源的开发和利用要把握好最佳的时期，让人在其生命周期的每一个阶段都得到最好的潜力开发机会，使人的生命价值得到最充分的体现。

## （四）增值性

人力资源与自然资源相比具有明显的增值性。一般来说，自然资源是不会增值的；人力资源在开发使用过程中，人的知识、经验和技能会因为不断的使用而变得更有价值。当然，对个体而言，这种增值是有一定限度的。人力资源可以源源不断地创造财富，成为价值的源泉。

## （五）社会性

社会性是人力资源区别于其他资源的重要特征。一方面，人是社会人，不可避免要受社会文化的影响，形成特有的价值观念和行为方式，可能会与所在企业的文化价值观一致，也可能不一致，甚至可能会发生冲突；同时，人的社会性体现在人有思想、有感情，从属于一定的社会群体，有复杂的心理和感情活动，这就增加了人力资源管理的复杂性和难度。另一方面，人在有思想、有感情的同时，也有爱心和责任心，这就使人力资源比其他资源有更大的潜力，一旦调动起人的责任心、积极性、主动性，就可能创造奇迹，创造难以估量的价值。

## （六）可变性

人力资源在使用过程中其发挥作用的程度具有一定的可变性。一方面，人力资源发挥程度受到外界环境因素的影响，当环境有利或适宜时，人力资源发挥作用就大；当环境不利或不宜时，其发挥作用就小。另一方面，在相同外界环境的影响下，人力资源创造的价值大小可能会因为自身心理状态不同而不同。

## （七）再生性

人力资源也同许多其他资源一样存在消耗与磨损的问题，但其不同之处在于，自然资源在消耗后就失去了再利用的价值，物质资源在形成最终产品后也无法继续开发，而人力资源在使用后通过体力恢复和培训投入可以继续发挥效用。人力资源是可以开发和再生的资源，人力资源的使用过程也是人力资源开发和再生的过程，职业生涯设计、培训、积累、创造、激励和提升，还有劳动保护、安全健康措施等都是人力资源开发和再生的途径。

# 第二节　人力资源管理概述

## 一、人力资源管理的概念

人力资源管理概念的提出最早源于工业关系和社会学家怀特·巴克于 1958 年出版的《人力资源功能》一书，该书首次将人力资源管理作为管理的普遍职能来加以讨论。美国的人力资源管理专家雷蒙德·A. 诺伊提出，人力资源管理是指影响雇员的行为、态度以及绩效的各种政策、管理实践和制度。美国佛罗里达国际大学管理学教授加里·德斯勒提出，人力资源管理是为了完成管理工作中涉及人或人事方面的任务所需要掌握的各种概念和技术。

我国学者赵曙明认为，人力资源管理就是对人力这一特殊的资源进行有效开发、合理利用与科学管理。我国人力资源学者彭剑锋认为，人力资源管理是依据组织和个人发展的需要，对组织中的人力这种特殊资源进行有效开发、合理利用与科学管理的机制、制度、流程、技术和方法的总和。

综合以上各种观点，本书认为人力资源管理是为实现组织和个人的发展需要，通过各种政策、制度和管理实践，对人力资源进行合理配置、有效开发和科学管理，从而影响雇员的态度、行为和绩效的活动过程。

## 二、人力资源管理的功能

人力资源管理的功能和职能本质上是不同的，人力资源管理的职能是它所要承担或履行的一系列活动，如人力资源规划、工作分析、员工招聘等；人力资源管理的功能是指它自身所具备或应该具备的作用，这种作用并不是相对其他事物而言的，而是具有一定的独立性，反映了人力资源管理自身的属性，它的功能是通过职能来实现的。人力资源管理的功能主要有五个方面：获取、整合、维持、调控和开发。

### （一）获取

获取功能主要包括人力资源规划、招聘与录用。为了实现组织的战略目标，人力资源管理部门要根据组织结构确定工作说明书与员工素质要求，制订与组织目标相适应的人力资源需求与供给计划，并根据人力资源的供需计划而开展招募、考核、选拔、录用与配置等工作。显然，只有首先获取了所需的人力资源，而后才能对之进行管理。

### （二）整合

整合功能是使员工之间和睦相处、协调共事、取得群体认同的过程，是员工与组织之间个人认知与组织理念、个人行为与组织规范的同化过程，是人际协调职能与组织同化职能。企业借助培训教育等手段实现员工组织社会化，整合的目的是培养员工拥有与组织一致的价值取向和文化理念，并使其逐步成为组织人，具体体现为新员工上岗引导、企业文化和价值观培训。

## （三）维持

维持功能主要体现在建立并维持有效的工作关系。通过一系列薪酬管理、绩效管理和职业晋升通道管理等活动，为员工提供安全、健康、舒适的作业环境和良好的工作氛围，保持员工的稳定性和有效工作的积极性，使员工的能力得以充分发挥。

## （四）调控

调控功能体现在企业对员工实施合理、公平的动态管理，对员工的基本素质、劳动态度和行为、技能水平、工作成果等进行全面考核与评价，作出相应的奖惩、升迁、离退或解雇等决策，并通过系列定编定岗、培训开发以及人事调整等办法和手段，使员工的技能水平和工作效率达到组织所期望的水平。

## （五）开发

开发功能是指对组织内员工素质与技能的培养与提高，以及使他们的潜能得以充分发挥，最大限度地实现其个人价值。它主要包括组织与个人开发计划的制订、组织与个人对培训和继续教育的投入、培训与继续教育的实施、员工职业生涯开发及员工的有效使用。

# 三、人力资源管理的内容

在人力资源管理活动中，吸引员工、留住员工和激励员工是人力资源管理的三大目标，人力资源管理的所有工作都是围绕这三大目标展开的。一般而言，人力资源管理工作主要包括以下八个方面。

## （一）人力资源规划

人力资源规划是系统、全面地分析和确定组织人力资源需求的过程，以确保组织在需要时能够得到一定数量和质量的员工满足组织现在及将来各个岗位的需要。在制订人力资源规划时，首先要评估组织的人力资源现状及其发展趋势，收集和分析人力资源供求信息和有关资料，预测人力资源供求的发展趋势，结合实际制订组织的人力资源使用、培训和发展规划。

### （二）工作分析

工作分析也称职位分析或岗位分析，是全面了解一项具体工作或具体职务的管理活动。工作分析是对组织中各个工作和岗位的目的、任务或职责、权力、隶属关系、工作条件、任职资格等相关信息进行收集与分析，以便对该工作作出明确的规定，并确定完成该工作所需要的行为、条件、人员的过程。工作分析是其他人力资源管理活动的基础。

### （三）招聘与甄选

招聘是指根据人力资源规划和工作分析的要求，为组织获得所需人力资源的过程。人员招聘包括招聘准备、招聘实施和招聘评估三个阶段。甄选是指组织辨别求职者是否具有帮助组织达成目标所必需的知识、技能、能力以及其他性格特征的一个过程。不同战略的组织所需要的员工类型、数量是不同的，组织能否招聘和甄选到满足工作需要的人才，直接关系组织能否生存与发展。

### （四）培训与开发

培训是指组织为方便员工学习与工作有关的知识、技能以及行为而付出的有计划的努力。开发是指组织为了提高员工迎接挑战的能力而帮助他们获得相应的知识、技能以及行为，这些挑战有可能来自现有的各项工作，也可能来自目前尚不存在但在未来可能出现的一些工作。为了提高组织的适应能力和竞争力，组织需要对员工进行培训与开发，使他们明确自己的任务、职责和目标，提高知识和技能，具备与实现组织目标相适应的自身素质和技术业务能力。

### （五）绩效管理

绩效管理是指为实现组织发展战略目标，采用科学的方法，提高员工个人或组织的综合素质、工作业绩的全面监测分析与考核评价，不断激励员工，改进作风，改善组织行为，提高综合素质，充分调动员工的积极性、主动性和创造性，挖掘其潜力的活动过程。其中，绩效考核是绩效管理中的一个重要环节，成为绩效管理系统运行的重要支撑点。

## （六）薪酬与福利

薪酬是指员工为组织提供劳动而得到的各种货币与实物报酬的总和，包括工资、奖金、津贴、绩效等。它是组织吸引和留住人才，激励员工努力工作，发挥人力资源效能最有力的杠杆之一。福利是指组织向员工提供的除工资、奖金之外的各种保障计划、补贴、服务以及实物报酬。薪酬与福利管理就是要制定合理的工资福利制度，从员工的资历、职级、岗位及实际表现和工作成绩等方面考虑制定相应的、具有吸引力的工资报酬标准和制度，并安排养老金、医疗保险、工伤事故处理、节假日等福利项目。

## （七）职业生涯管理

职业生涯管理是企业帮助员工制订个人发展计划，并及时监督和考察，使个人的发展既能与企业的发展相协调，又能满足个人成长的需要，同时，使员工有归属感，激发其工作积极性和创造性，进而提高组织效益，促进组织发展。

## （八）劳动关系

劳动关系管理主要是建立与维护健康的劳动关系，创造企业管理层与员工之间互相信任、互相尊重的良好工作环境，让员工在安全、健康的环境中有效地工作，给企业带来长期的利益。人力资源管理涉及劳动关系的各个方面，如劳动时间、劳动报酬、劳动保护、劳动安全、劳动争议等。劳动关系是否健康和融洽，直接关系人力资源管理活动能否有效开展。

## 四、人力资源管理的目标

人力资源管理的最终目标是帮助组织更好地实现其目标。自20世纪90年代以来，随着战略人力资源管理的产生，人力资源及其管理的地位变得日益重要。衡量人力资源管理的贡献不仅在于其完成了多少职能性工作或者工作效率的高低，而且取决于其对战略目标的贡献大小。然而，要实现这一目标，人力资源管理部门必须为员工创造良好的工作环境，减少员工流动，在此基础上，最大限度地发挥员工的潜能，从而提高劳动生产率，并通过人力资源创造竞争优势。

我们认为，对于人力资源管理的目标应当从最终目标和具体目标这两个层次来进行理解。人力资源管理的最终目标就是要有助于实现企业的整体目标。人力资源管理只是企业管理的一个组成部分，它是从属于整个企业管理的，而对企业进行管理的目的就是要实现企业既定的目标，因此人力资源管理的目标也应当服从和服务于这一目的。需要指出的是，虽然不同的企业，其整体目标的内容可能有所不同，但最基本的目标都是一样的，那就是要创造价值以满足相关利益群体的需要。在最终目标之下，人力资源管理还要达成一系列的具体目标，这些具体目标应该包含以下几个方面：①保证价值源泉中人力资源的数量和质量。②为价值创造营造良好的人力资源环境。③保证员工价值评价的准确有效。④实现员工价值分配的公平合理。

人力资源管理的具体目标与企业价值链的运作是密切相关的，价值链表明了价值在企业内部从产生到分配的全过程，是贯穿企业全部活动的一条主线，价值链中任何一个环节出现了问题，都将影响整体价值的形成。人力资源管理的具体目标就是要从人力资源的角度出发，为价值链中每个环节的有效实现提供有力的支持。

在整个价值链中，价值源泉是源头和基础，只有具备了相应的资源，价值创造才有可能进行。人力资源是价值创造不可或缺的资源，因此，为了保证价值创造的正常进行，企业必须拥有满足一定数量和质量要求的人力资源，否则企业的价值创造就无法实现，这就是人力资源管理的第一个具体目标——价值创造，这一目标需要借助人力资源规划和招聘录用等职能活动来实现。

在价值链中，价值创造是最关键的环节，只有通过这一环节，价值才能够被创造出来，而价值创造并不会自动发生，它需要以人力资源为中心来整合和运用其他资源，因此必须营造良好的人力资源环境，以实现价值创造，这就是人力资源管理的第二个具体目标——价值分配，这一目标需要借助职位分析和设计、员工调配、培训与开发、员工激励等职能活动来实现。

为了进行价值分配，就必须对价值创造主体在价值创造过程中所做的贡献作出准确的评价，这就是人力资源管理的第三个具体目标——保证员工价值评价的准确有效，这一目标需要借助绩效管理等职能活动来实现。

价值分配可以说是价值链运作的重要部分，只有通过价值分配，企业各相关利益群体的需要才能得到满足，从价值创造主体的角度来看，只有他们得到了公平合理的价值分配，价值创造才有可能继续发生，这就是人力资源管理的第四个具体目标——实现员工价值分配的公平合理，这一目标需要借助薪酬管理等职能活动来实现。

总的来说，人力资源管理的目标是，通过组建优秀的企业员工队伍，建立健全企业管理机制，形成良好的企业文化氛围，有效地开发和激励员工潜能，最终实现企业的管理目标。

## 五、人力资源管理的地位和作用

### （一）人力资源管理的地位

所谓人力资源管理的地位，是指它在整个企业管理中的位置。对于这个问题，目前存在一些错误的认识和看法，归纳起来主要有两种：一种是夸大它的地位，认为人力资源管理就是企业管理的全部，解决了人力资源管理的问题就意味着解决了企业管理的全部问题；另一种是贬低它的地位，认为人力资源管理根本就不是企业管理的内容，在企业的管理过程中发挥不了什么作用。

要想正确地认识人力资源管理的地位，按照合乎逻辑的思维顺序，首先就要搞清楚人力资源管理和企业管理之间的关系。企业管理，简单地说，就是对企业投入和拥有的资源进行有效的管理，实现企业既定目标的过程。企业投入和拥有的资源是由不同的种类构成的，如资金资源、物质资源、技术资源、人力资源、客户资源等，因此企业管理也就包括对这些不同资源的管理。从这个意义上讲，人力资源管理和企业管理之间是一种部分与整体的关系。

在这一前提下，对于人力资源管理的地位，正确的认识应当是辩证的：一方面，要承认人力资源管理是企业管理的组成部分，而且还是很重要的一个组成部分；另一方面，也要承认人力资源管理代表不了企业管理，人力资源管理并不能解决企业管理的全部问题。

第一个方面的观点是很容易理解的，我们知道，企业中各项工作的实施都必须依靠人力资源，没有人力资源的投入，企业就无法正常运转。此外，由于人力资源的可变性，它还会影响各项工作实施的效果，而人力资源管理正是要有效地解决上述问题，为企业的发展提供有力的支持，因此它在整个企业管理中居于重要的地位。

这个观点，西方学者其实很早就已经有所论述了。在德鲁克提出"人力资源"概念的四年之后，即 1958 年，怀特·巴克出版了《人力资源职能》一书，在这部著作中，巴克指出，人力资源管理的职能同其他管理职能（如生产管理、营销管理、财务管理等）一样，对企业的成功来说是至关重要的。书中还详细地阐述了人力资源管理是如何成为一般管理的一部分的，并提出了人力资源管理的一些原则。遗憾的是，巴克的观点并没有引起人们的重视。

至于第二个方面的观点，也不难理解。虽然人力资源管理可以决定企业能否正常地运转，可以影响企业前进的速度，但是企业管理中还有很多问题是人力资源管理解决不了的，如企业的发展战略问题、企业的营销策略问题等，因此，人力资源管理并不是万能的。

### （二）人力资源管理的作用

关于人力资源管理的作用，不同的人有不同的看法，但从根本上来说，它集中体现在与企业绩效和企业战略的关系上。

1. 人力资源管理和企业绩效

在人力资源管理职能正常发挥的前提下，它将有助于实现和提升企业绩效，这是人力资源管理的一个重要作用。

米切尔·谢帕克等人曾提出了一个关于人力资源管理和企业绩效关系的模型。他们认为，企业绩效的实现和提高有赖于人力资源管理的实践活动，但是人力资源管理不能单独对企业绩效产生作用，它必须和企业的环境、企业的经营战略以及人力资源管理的支持这三个变量相互配合才能发挥作用。这一论述也印证了前面对人力资源管理地位所做的判断。

此外，我们还可以从另外一个角度来分析人力资源管理和企业绩效之间的关系。

应当明确的是，企业绩效的产生依赖于顾客的需求，没有顾客来购买企业的产品和服务，企业就无法生存和发展，自然也就无法产生绩效。随着生产力水平的不断提高，产品日益丰富，顾客的选择更加多样化，赢得顾客的忠诚对企业来说也变得更加重要。要赢得顾客的忠诚，就必须使顾客满意。顾客之所以会满意，在很大程度上是因为企业能够为顾客创造价值，也就是为顾客提供优异的产品与服务。要实现这一点就要依赖于员工的工作，没有员工高质量的工作，企业就无法形成高质量的产品和服务，没有这些，企业就无法满足顾客的需求，也就无法使顾客满意。这一点在服务型行业中体现得更加明显，这些企业向顾客提供的大多是一些服务，这就需要员工直接面对顾客，因此员工的工作会直接影响顾客的满意度。那么，员工工作的生产率又受什么因素影响呢？主要是他们对工作的满意度。当工作满意度高时，他们就会更加投入地工作；否则，人力资源的作用就不会完全得到发挥。员工的满意度又取决于他们的需求是否得到满足，以及个人价值是否得到实现。这在很大程度上依赖于企业提供的人力资源服务，如公正的绩效考核、具有竞争力的薪酬待遇、有效的培训与开发、良好的员工关系等。因此，企业的人力资源管理体系与企业绩效之间存在密切的关系，人力资源管理的有效实施将有助于实现和提升企业绩效。

2. 人力资源管理与企业战略

在人力资源管理职能正常发挥的前提下，它还有助于企业战略的实现，人力资源管理的这一作用在当前的社会经济环境中受到了更多的重视。

企业战略的实施需要企业各方面资源的共同支持，人力资源自然也在其中，因此人力资源管理的有效进行将有助于企业战略的实现。

当企业战略明确了自己的发展方向之后，各种资源的准备就显得十分重要，没有资源的有效准备，企业战略的实现无疑是空中楼阁。在资源的准备中，人力资源是很重要的一个方面。一般来说，人力资源的准备可以通过两种途径来实现，一种是从外部招聘，另一种就是内部培养，这两种途径都是人力资源管理的实践活动。根据企业的战略目标，首先要通过人力资源规划对未来的人力资源需求作出预测，然后再依据这种预测通过招聘、录用或者培训与开发来进行人力资源的储备，从而为企业战略的实现奠定坚实的人力资源基础。例如，如果企业的战略定位为通过兼并收购来扩大经营规模，那么它就要借助人力资源规划，通过招聘、录用或者培训与开发等手段来储备兼并收购方面的人才，否则，企业战略的实现就无从谈起。

企业战略的实现，资源准备只是外部条件，它还必须得到全体员工的认同，只有员工把企业的战略目标内化为个人目标和行为准则后，企业战略的实现才具有内在动力。因此，将企业战略传递给每个员工并得到他们的认同是十分重要的，这个过程也需要人力资源管理实践的支持。可以通过培训，给员工传达企业的战略意图，提高员工的思想认识，把员工的行为统一到战略目标上来。现代的培训理念也正朝着这个方向发展，设计的培训内容除知识、技能以外，还有思想、观念等。此外，还可以通过绩效考核和奖励等方式来传达企业的战略意图，这也是绩效管理和薪酬管理理念的一个发展方向。例如，企业的战略如果是通过服务来获取竞争优势，那么企业就可以在员工的绩效考核指标中加重对服务的考核，以此来引起员工的重视；企业还可以加大对优质服务的奖励，这样也可以引导员工的行为，传递自己的战略思想。

## 六、人力资源管理的职责分担与角色定位

### （一）人力资源管理部门的职责分工

人力资源管理的目标是通过人力资源合理的配置、激励与开发实现劳动生产率的提高，进而促进组织目标的实现。现代人力资源管理已经上升到战略高度，在现代人力资源管理的参与者中，越来越强调人力资源管理不仅仅是人力资源管理部门的事情，更是各层各类管理者的职责。

企业的高层决策者也开始更多地参与人力资源管理活动。高层决策者主要从战略的高度考虑人力资源管理活动，并对中高层经理进行管理。其职责包括人力资源战略的制定、中高层经理的选拔录用、企业人力资

源规划的审核、企业文化的塑造与发展、部门关系的协调以及组织运行风格的确定等。

直线管理人员由于其直线权力而扮演着各项人力资源政策、制度的实施角色，从而对人力资源管理有着重要的影响。因此，人力资源管理不仅是人力资源管理部门的责任，而且是每个直线管理人员的责任。直线经理承担参与人力资源管理理念与政策的确定、贯彻执行人力资源政策、依据部门业务发展提出部门用人计划、参与部门岗位设计与工作分析、参与本部门的人员招聘与人才选拔等工作。

现代人力资源管理已成为每一个管理者不可缺少的工作组成部分。无论是高层管理者还是基层管理者，无论是销售经理还是人力资源经理，甚至是普通的员工，都有必要参与人力资源管理活动，如此才能保证人力资源目标的实现。因此，现代企业必须对人力资源管理者的参与进行明确的界定，并且对其职能进行合理的定位，明确他们在人力资源管理中的角色与职责。

## （二）人力资源管理部门的角色定位

### 1. 战略决策参与者角色

人力资源管理部门是组织战略决策的参与者，提供基于战略的人力资源规划及系统解决方案，使人力资源和企业战略相结合。

### 2. 职能管理者角色

人力资源管理部门在战略规划、战略执行和战略评价中应该被赋予职能职权，运用人力资源管理的专业知识和技术工具，确定人力资源管理的方针、政策、制度，和直线部门协调配合进行人力资源规划、人员招聘、薪酬制定、绩效管理等各项活动，保障企业战略和直线部门的工作顺利实施。

### 3. 监督控制者角色

根据组织的价值评价标准，评估部门绩效，监控各部门人力资源管理和开发状况，并提出改进意见。

### 4. 服务者角色

人力资源部门要以专业技能为其他部门提供支持服务，如人力资源管理工具的开发，为人力资源问题的解决提供咨询等。

5. 协调者角色

人力资源管理者承担组织内部各部门之间、上下级之间、组织和外部环境之间的信息沟通工作。

6. 变革的推动者角色

某些时候，如在并购与重组、组织裁员、业务流程再造等变革活动中，人力资源管理部门往往要先行一步，成为变革的推动者，提高员工对变革的适应性，妥善处理组织变革过程中的人力资源管理实践问题，推动组织的变革。

# 第三节　人力资源管理的构建体系

人力资源管理的目的在于通过对人力资源管理的整合与开发，发挥人力资源的协同作用，最大限度地提高人力资源的使用效益，使人力资源价值最大化，从而实现企业的战略目标。在人力资源管理体系的设计中，要注重企业战略、企业文化与人力资源管理的融合，建立规范的、适应市场经济的、系统的人力资源管理体系。构建科学的人力资源管理体系是人力资源管理效能发挥的保证。

## 一、人力资源管理组织系统

企业在确定使命、愿景与战略后，必须使之在组织和管理上得到有效的传递与落实。因此，组织设计就成为将企业的目标系统与人力资源管理系统进行衔接的桥梁和纽带。

### （一）组织结构的选择

组织结构的选择是指要确定企业采用什么样的组织结构类型，主要包括直线职能制、事业部制、模拟分权制、项目制、矩阵制、委员会制等，如表 1-1 所示。

表1-1　不同组织结构的模式及优劣势

| 结构类型 | 结构模式 | 优势 | 劣势 |
|---|---|---|---|
| 直线职能制 | 不设职能机构；垂直领导；行政主管行使管理职能 | 指挥权集中，决策快，易贯彻；分工细，职责明；充分发挥职能部门专家特长；易维持组织纪律，确保组织秩序 | 不同直线部门间目标不易统一，易产生矛盾，不协调；不易培养熟悉全面情况的管理者；分工细，规章多 |
| 事业部制 | 集中决策，分散经营，分级管理，分级核算；自负盈亏 | 既保持管理的灵活性、适应性，又发挥事业部的主动性、积极性；高层从日常事务中解放出来，做更重要的事；克服组织僵化的官僚主义；有助于培养高层管理人员 | 本位主义严重，不能有效组织全部资源；管理部门重叠，费用增加；对管理人员水平要求高；对集权、分权关系敏感 |
| 模拟分权制 | 相对独立的"组织单元"；独立经营核算；用"内部价格"转移核算，模拟市场运作 | 权力下放，分层管理负责，突出管理重心；各管理层级灵活性大，适于应变多变的市场环境；优化各组织单元的资源配置 | 每个领导不易了解组织的全面信息，沟通、决策方面存在问题 |
| 项目组 | 临时性；按项目来划分单元和进行管理；项目管理者有完全管理权限 | 适应性强、机动、灵活；容易接受新观念和方法；责任明确，积极性高，任务感强 | 缺乏稳定性；成员没有归属感；受组织整体项目成熟度的影响 |
| 矩阵制 | 垂直领导系统与横向领导关系并存；围绕某项专门任务成立跨职能部门 | 易于跨部门协调；易于充分利用组织资源；既有职能组织专业性的优点，又有项目制和事业部制相对灵活和独立的管理权限；应变性强，对市场敏感和反应快 | 结构复杂，管理难度大；一个成员有两个上级；项目经理与职能经理间易发生矛盾；容易产生部门利益间的本位主义 |
| 委员会制 | 组织决策由委员会共同研究决定 | 发挥众人所长，决策科学；分析问题全面，可以充分考虑各方面因素；平衡组织内各相关人员利益 | 决策慢，易推诿卸责；当一人具有绝对影响力时，容易左右委员会决策，给组织造成损失 |

　　企业选择何种组织结构类型，主要取决于其战略、业务规模、产品的差异化程度以及管理的复杂性与难度等方面。

## （二）部门设置

　　在确定了企业采用何种组织结构类型后，就需要对企业的部门进行划分，即考虑设置哪些部门来实现企业的战略目标与功能。在直线职能制中,需要根据企业价值链的主要职能活动来进行业务部门的设置,并围绕业务部门的设置来安排管理部门的设置。在事业部制组织结构中,还必须进一步考虑哪些部门在总部进行集中,以发挥集中化带来的规模效应,哪些部门应该分设在不同的事业部中,以充分体现事业部的活力。对于矩阵制组织结构,则必须结合职能制和事业部制两种组织结构来考虑。

### （三）流程梳理

流程是指完成某一项具体工作的一系列步骤或者程序。企业为顾客提供的产品或者服务最终都要依靠流程来实现。企业的流程包括业务流程和管理流程。业务流程主要包括企业的研发流程、生产流程、销售流程和客户服务流程。管理流程包括企业的人力资源管理流程、财务管理流程等。每个大的主流程又可以分解为若干个小的流程,最终可以将流程的每个步骤或者环节细分到一个个具体的职位,从而使流程能够找到落脚点和具体的承担者。

在完成组织结构选择、部门设置和流程梳理的基础上,企业需要进一步对各部门的职能进行定位,并明确每个部门的职责与权限,再根据部门的职责与权限,确定部门内部应该设置哪些职位来完成部门的职责,每个职位应当承担何种工作职责与工作内容,每个职位应该由具备什么知识、技能、经验和素质的任职者来担当。这样,企业进行职位设计和职位分析时,才能够确保职位满足企业的战略要求。

## 二、人力资源管理系统的运行

人力资源管理系统的构成要素之间的相互协同,可以整合企业的人力资源,提升企业的核心能力与竞争优势。

### （一）人力资源管理系统运行的四大支柱

人力资源管理系统运行的四大支柱包括机制、制度、流程和技术,四者相互联系,共同作用。

机制是指事物发挥作用的机理或者原理。人力资源管理机制的作用在于从本质上揭示人力资源管理系统的各要素通过什么样的机理来整合企业的人力资源,以及整合人力资源之后所达到的状态和效果。

制度是指要求组织成员共同遵守的办事规程或行动准则。人力资源管理制度的作用在于通过科学化、系统化的人力资源管理制度设计，建立理性权威以及责任、权力、利益、能力运行规则。

流程是指多个员工、多个活动有序的组合。它关心的是谁做了什么事，产生了什么结果，向谁传递了什么信息，这些活动一定是以创造价值为导向的。人力资源管理流程的作用在于建立以客户价值为导向的人力资源业务流程体系，疏通人力资源业务流程与企业其他核心流程的关系。

技术是指通过改造环境以实现特定目标的特定方法。人力资源管理技术的作用在于通过研究、引进、创新人力资源的管理技术，提高人力资源开发与管理的有效性和科学性。

### （二）人力资源管理系统运行的四大机制

人力资源管理要解决的是组织与人的矛盾。信息日益不对称、组织变革加速、管理对象更加复杂与需求日益多样性等情况，使得组织与人的矛盾比以往任何时候都更加突出。如何协调人与组织的矛盾，以使员工与企业共同成长和发展？这就需要通过内在的机制来协调人与组织的关系。人力资源管理系统运行的四大机制模型，即牵引机制、激励机制、评价约束机制和激活机制。这四大机制相互协同，从不同的角度来整合和激活组织的人力资源，驱动企业人力资源管理各系统要素的有效衔接与整体运行，提升人力资源管理的有效性。

1. 牵引机制

牵引机制是指组织通过愿景与目标的牵引以及明确组织对员工的期望和要求，使员工能够正确地选择自身的行为，最终将员工的努力和贡献纳入帮助企业实现目标、提升核心能力的轨道。牵引机制的关键在于向员工清晰地表达组织的愿景与目标以及对员工的行为和绩效的期望。因此，牵引机制主要依靠以下人力资源管理模块来实现：企业的价值观与目标牵引、职位管理与任职资格体系、绩效管理体系、职业生涯与能力开发体系。牵引机制对于提高人力资源配置效率和人力资源开发质量起着关键性作用。

2. 激励机制

激励的本质是让员工有去做某件事的意愿，这种意愿以满足员工的个人需求为条件。在新经济时代，员工的需求日益多变和复杂，组织需要通过多元的激励要素及全面的薪酬体系去激发员工的潜能，驱动员工创造高绩效。基于能力的人力资源薪酬激励机制主要依靠以下人力资源管理方式来实现。

建立分层分类的多元化激励体系（职权、机会、工资、奖金、股权、荣誉、信息分享、学习深造）。

设计多元化薪酬体系与全面薪酬体系（基于职位的薪酬体系、基于能力的薪酬体系、基于市场的薪酬体系、基于绩效的分享薪酬体系、货币性与非货币性报酬的系统激励）。激励机制对于提高人力资源配置效率和效益起着决定性作用。

3. 评价约束机制

评价约束机制的本质是对员工的行为进行限定，同时对员工不符合组织要求的行为进行修正，以使员工的行为始终在预定的轨道上运行。评价约束机制的核心内容包括以下几个方面：规则约束（合同与制度、法律、规定）、信用管理（人才信用系统）、文化道德约束（文化认同与道德底线）。此外还包括信息反馈与监控，目标责任体系，经营计划与预算，行为的标准化、职业化，基本行为规范等。评价约束机制对于提高人力资源开发质量起着基础性作用。

4. 激活机制

企业不仅要有正向的牵引机制和激励机制，不断推动员工提升自己的能力和业绩，而且必须有反向的激活机制，让不适合组织成长和发展需要的员工离开组织，同时将外部市场的压力传递到组织之中，从而激活企业的人力资源，防止人力资本的沉淀或者缩水。企业的激活机制在制度上主要体现为竞聘上岗与末位淘汰制度（四能机制，即能上能下、能左能右、能进能出、能升能降）和人才退出制度（内部创业制度、轮岗制度、待岗制度、内部人才市场、提前退休计划、自愿离职计划、学习深造等）。激活机制对于提高人力资源开发质量和人力资源配置效益起着独特的作用。

# 第二章　招聘与配置

## 第一节　人力资源招聘概述

### 一、人力资源招聘基本范畴

#### （一）人力资源招聘的含义

人力资源招聘是建立在以下两项工作基础之上的：一是组织的人力资源规划；二是工作分析。人力资源规划确定了组织招聘职位的类型和数量，而工作分析使管理者了解什么样的人应该被招聘进来填补这些空缺。这两项工作使招聘能够建立在比较科学的基础之上。

人力资源招聘，简称招聘，是"招募"与"聘用"的总称，是指在总体发展战略规划的指导下，根据人力资源规划和工作分析的数量与质量要求，制订相应的职位空缺计划，并通过信息发布和科学甄选，获得所需合格人员填补职位空缺的过程。招募与聘用之间夹着甄选。

#### （二）人力资源招聘的意义

人力资源招聘在人力资源管理中占据十分重要的位置，它的意义具体表现在以下几个方面。

1. 招聘是组织补充人力资源的基本途径

组织的人力资源状况处于变化之中，组织内人力资源向社会的流动、组织内部的人事变动（如升迁、降职、退休、解雇、死亡、离职等）等多种因素，导致组织人员的变动。同时，组织有自己的发展目标与规划，组织成长过程也是人力资源拥有量的扩张过程。上述情况意味着组织的人力资源总是处于稀缺状态，需要经常补充。因此，通过市场获取所需人力资源成为组织的一项经常性任务，人力资源招聘也就成了组织补充人员的基本途径。

### 2. 招聘有助于提升组织的竞争优势

现在的市场竞争归根到底是人才的竞争。一个组织拥有什么样的人力资源，就在一定程度上决定了它在激烈的市场竞争中处于何种地位——是立于不败之地，还是最终面临被淘汰的命运。对人才的获取是通过人才招聘这一环节来实现的。因此，招聘工作能否有效地完成，对是否能提高组织的竞争力、绩效及实现发展目标，均有至关重要的影响。从这个角度说，人力资源招聘是组织创造竞争优势的基础环节。对于获取某些实现组织发展目标急需的紧缺人才来说，招聘更具有特殊的意义。

### 3. 招聘有助于组织形象的传播

经验表明，招聘过程的质量会明显影响应聘者对组织的看法。人力资源招聘既是吸引、招募人才的过程，又是向外界宣传组织形象、扩大组织影响力和知名度的一个窗口。应聘者可以通过招聘过程来了解一个组织的组织结构、经营理念、管理特色、组织文化等。尽管人力资源招聘不是以组织形象传播为目的的，但招聘过程客观上具有这样的功能，这是组织不可忽视的一个方面。

### 4. 招聘有助于组织文化的建设

招聘过程中信息传递的真实与否，直接影响应聘者进入组织以后的流动性，有效的招聘既能使组织得到所需人员，同时也为在职人员数量的保持打下基础，有助于减少由于人员流动过于频繁而带来的损失，并有助于营造组织内的良好气氛，如能增强组织的凝聚力，提高士气，增强人力资源对组织的忠诚度等。

## （三）人力资源招聘的影响因素

招聘活动的实施往往受到多种因素的影响，为了保证招聘工作的效果，相关人员在规划招聘活动之前，应对这些因素进行综合分析。归纳起来，影响招聘活动的因素主要有外部影响因素和内部影响因素两大类。

### 1. 外部影响因素

国家的法律法规：国家的有关法律法规和地方的相关政策，是约束组织招聘行为的重要因素，从客观上界定了组织招聘活动的外部边界。

例如，西方国家的法律规定，组织的招聘信息中不能涉及性别、种族和年龄的特殊规定，除非证明这些是职位所必需的。1994年通过的《中华人民共和国劳动法》（以下简称《劳动法》）是我国劳动立法史上的一个里程碑。以《劳动法》为准绳，我国相继颁布了一些与招聘有关的法律法规、条例和政策，包括《女职工禁忌劳动范围的规定》《就业服务与就业管理规定》《未成年工特殊保护规定》等。

劳动力市场：由于招聘特别是外部招聘，主要是在外部劳动力市场进行的，因此市场的供求状况会影响招聘的效果，当劳动力市场的供给小于需求时，组织吸引人员就会比较困难。相反，当劳动力市场的供给大于需求时，组织吸引人员就会比较容易。在分析外部劳动力市场的影响时，一般要针对具体的职位层次或职位类别来进行，例如，当技术工人的市场供给比较紧张时，组织招聘这类人员就比较困难，往往需要投入大量的人力、物力。

竞争对手：在招聘活动中，竞争对手也是非常重要的一个影响因素。应聘者往往是在进行比较之后才作出决策的，如果组织的招聘政策和竞争对手存在差距，那么就会影响组织的吸引力，从而降低招聘的效果。因此，在招聘过程中，相较于竞争对手取得比较优势是非常重要的。

2. 内部影响因素

职位性质：空缺职位的性质决定了招聘什么样的人以及到哪个相关劳动力市场进行招聘，因此它是整个招聘过程的关键。另外，它还可以让应聘者了解该职位的基本情况和任职资格，便于应聘者进行求职决策。

组织形象：一般来说，组织在社会中的形象越好，越有利于招聘活动。良好的组织形象会对应聘者产生积极的影响，引起他们对组织空缺职位的兴趣，从而有助于提高招聘的效果。一些形象良好的企业，往往是大学生毕业后择业的首选。组织的形象又取决于多种因素，如组织的发展趋势、薪酬待遇、工作机会以及组织文化等。

招聘预算：由于招聘活动必须支出一定的资金，因此组织的招聘预算对招聘活动有着重要的影响。充足的招聘资金可以使组织选择更多的招聘方法，扩大招聘的范围，如可以花大量的费用来进行广告宣传，选择的媒体也可以是影响力比较大的。相反，有限的招聘资金会使组织进行招聘时的选择大大减少，这会对招聘效果产生不利的影响。

招聘政策：组织的相关政策对招聘活动有直接的影响，组织在进行招聘时一般有内部招聘和外部招聘两种渠道，至于选择哪个渠道来填补空缺职位，往往取决于组织的政策。有些组织可能倾向于外部招聘，而有些组织则倾向于内部招聘。

## 二、人力资源招聘过程管理

人力资源是企业最重要的资源，招聘是企业与潜在的员工接触的第一步，人们通过招聘环节了解企业，并最终决定是否为它服务。从企业的角度看，只有对招聘环节进行有效的设计和良好的管理，才能得到高质量的员工，否则就只能得到平庸之辈。如果高素质的员工不知道企业的人力需求信息，或者虽然知道但是对这一信息不感兴趣，或者虽然有些兴趣但是还没有达到愿意来申请的程度，那么企业就没有机会选择这些有价值的员工。有效的招聘方法取决于劳动力市场、工作空缺的类型和组织的特征等多种因素，但是不管怎样，以下四个问题是人力资源部门在制定招聘策略时必须注意的：第一，开展招聘工作的目标；第二，需要招到怎样的员工；第三，需要工作申请人接收什么样的信息；第四，招聘信息怎样才能有效地传达给工作申请人。

招聘和选拔员工，是企事业组织最重要，也最困难的工作之一。员工招聘和选拔出现错误，对组织会产生极其不好的影响。生产线上的员工如果不符合相关要求，就可能导致花费额外的精力去进行修正。与客户打交道的员工如果缺乏技巧，就可能使企业丧失商业机会。在小组中工作的人缺乏人际交往技能，就可能会打乱整个团队的工作节奏，影响产出效率。招聘的错误，还关系企事业组织员工队伍的构成。员工的等级越高，其招聘和选拔就越难。要想估计一个一般工人的价值，几天甚至几个小时就够了；要评判一个工段长的价值，有时却需要几周甚至几个月的时间；要想评判一个大企业管理者的价值，往往要几年时间才能得出确切的评价。因此，在招聘和选拔高层管理人才方面，一定不能出现失误。

在当今知识经济发展的新格局下，处于组织人力资源金字塔顶端的人才资源，在企、事业组织发展中的重要地位越来越突出。人才的形成基础是对人力资源的招聘和选拔。人才对组织的发展来说是至关重要的。

### （一）招聘的制约因素

招聘的成功取决于多种因素，如外部影响、企事业职务的要求、应聘者个人的资格与偏好等。有许多外部因素对企事业招聘决策有影响。外部因素主要可以分为两类：一是经济条件，二是政府管理与法律的监控。

有许多经济因素影响招聘决策，这些因素是人口和劳动力、劳动力市场条件、产品和服务市场条件。

### （二）招聘过程的重要性

征召环节在整个招聘过程中具有重要地位，因为今天来应聘的员工有可能成为组织明天的高级主管。在这种意义上，招聘工作实际上决定组织今后的发展与成长。如果在征召环节没有吸引到足够数量的合格申请人，即使组织的员工选拔技术和日后的员工保持计划十分有效，这些选拔技术和保持计划也就不会发生作用。因此招聘负责人一定要注意，招聘的成效是申请人的数量、申请人的质量、组织的遴选技术和员工保持政策共同作用的结果。

### （三）招聘人员的选择

组织在进行招聘过程中，工作申请人与组织的招聘组成员直接接触，并且招聘活动是工作申请人与组织的第一次接触。在对组织的特征了解甚少的情况下，工作申请人会根据组织在招聘活动中的表现来推断组织其他方面的情况。因此，招聘人员的选择是组织的一项非常关键的人力资源管理决策。

一般来说，招聘组成员除了包括组织人力资源部门的代表以外，还可以包括直线经理人等。工作申请人会将招聘组作为组织的一个窗口，由此判断组织的特征。因此，招聘组成员的表现将直接影响工作申请人是否愿意接受组织提供的工作岗位。那么，这些"窗口人员"什么样的表现能够增加工作申请人的求职意愿呢？有研究显示，招聘人员的个人风度是否优雅、知识是否丰富、办事作风是否干练等因素都直接影响着工作申请人对组织的感受和评价。

### （四）招聘收益金字塔

招聘从企业获得应征信函开始，经过笔试、面试等各个筛选环节，最后才能决定正式录用或试用。在这一过程中，应征者的人数变得越来越少，就像金字塔一样。这里所谓的招聘收益指的是经过招聘过程中的各个环节筛选后留下的应征者的数量，留下的数量大，我们就说招聘收益大；反之就说招聘的收益小。企业中的工作岗位可以划分为许多种，在招聘过程中针对每类岗位空缺所需要付出的努力程度是有差别的。为招聘到某种岗位上足够数量的合格员工应该付出多大的努力，可以根据过去的经验数据来确定，招聘收益金字塔就是这样一种经验分析工具。

如图 2-1 所示，假设根据组织过去的经验，每成功录用 1 个销售人员，需要对 5 个候选人进行试用，而要挑选到 5 个理想的候选人又需要有 15 人来参加招聘测试和面谈筛选程序，而挑选出 15 名合格的测试和筛选对象又需要有 20 人提出求职申请。那么，如果现在组织想最终招聘到 10 名合格的销售人员，就需要有至少 200 人递交求职信和个人简历，而且组织发出的招聘信息必须有比 200 人多很多的人能够接收。由此可见，招聘收益金字塔可以帮助组织的人力资源部门对招聘的宣传计划和实施过程进行准确的估计与有效的设计，可以帮助组织决定为了招聘到足够数量的合格员工需要吸引多少应征者。

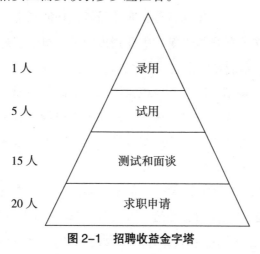

图 2-1  招聘收益金字塔

在确定工作申请资格时，组织有不同的策略可以选择。一种策略是把申请资格设定得比较高，于是符合标准的申请人就比较少，然后组织花费比较多的成本来仔细挑选最好的员工。另一种策略是把申请资格设定得比较低，于是符合标准的申请人就比较多。这时组织有比较充分的选择余地，招聘的成本会比较低。一般而言，如果组织招聘的工作岗位对于组织而言至关重要，员工质量是第一位的，那么就应该采取第一种策略。如果劳动力市场供给形势比较紧张，组织也缺乏足够的招聘费用，同时招聘的工作对于组织不是十分重要，那么就应该采取第二种策略。

在招募新员工时，组织面临的问题是如何在众多的工作申请人中挑选出合格的、有工作热情的应征者。特别是在我国现阶段，就业形势严峻，劳动力过剩将是一个长期存在的现象。那些经营业绩出众的大企业，在招聘中面对的将是工作申请人众多的情况。组织的招聘是一个过滤器，它决定什么样的员工能成为组织的一员。一个理想的录用过程的一个重要特征是被录用的人数相对于最初申请者的人数少得多。这种大浪淘沙式的录用可以保证录用到能力比较强的员工。而且能力强的员工在接受培训后的生产率提高幅度将高于能力差的员工经过相同的培训后的生产率提高幅度。

## （五）真实工作预览

在招聘过程中，组织总是会使用各种办法来吸引工作申请人。组织常用的项目包括奖励、工作条件、职业前景、技能训练、自助餐厅、住房优惠贷款和工作的挑战性等。需要指出的是，组织在想方设法吸引外部人才加盟时，不能顾此失彼，导致新员工与原有的员工之间的不公平。组织在吸引工作申请人时，不应该只展示组织好的一面，同时也应该让工作申请人了解组织不好的一面，以便使工作申请人对组织的真实情况有全面的了解。在美国，一些组织经常使用小册子、录像带、光盘、广告和面谈等方式开展真实工作预览的活动。

真实工作预览的优点：第一，展示真实的未来工作情景，可以使工作申请人首先进行一次自我筛选，判断自己与这家组织的要求是否匹配。另外，还可以进一步决定自己可以申请哪些职位，不申请哪些职位，为日后降低离职率奠定了良好的基础。第二，真实工作预览可以使工作申请人清楚什么是可以在这个组织中期望的，什么是不可以期望的。这样，一旦他们加入组织，就不会产生强烈的失望感，而是会增加工作满意程度、投入程度和长期服务的可能性。第三，这些真实的未来工作情景可以使工作申请人及早做好思想准备，一旦日后的工作中出现困难，他们也不会回避难题，而是积极设法解决难题。第四，组织向工作申请人全面展示未来的工作情景，会使工作申请人感到组织是真诚的、可以信赖的。

组织在准备实际工作预览的内容时，应该注意以下五个方面。

第一，真实性。组织要保证自己所提供的信息真实可靠。

第二，详细程度。组织不应该仅仅给出休假政策和组织的总体特征这样一些宽泛的信息，还应该对诸如日常的工作环境等细节问题给出详细的介绍。

第三，内容的全面性。组织应该对员工的晋升机会、工作过程中的监控程度和各个部门的情况逐一介绍。

第四，可信性。组织应本着诚信的原则，保证自己所展示的信息具有相当的可信度。

第五，工作申请人关心的要点。一个组织的有些方面是工作申请人可以从公开渠道了解的，因此这不应该成为真实工作预览的重点。真实工作预览应该着重说明那些工作申请人关心的但是又很难从其他渠道获得的信息。

### （六）招募过程管理与招聘周期

企业的招募工作很容易出现失误，而且一旦招募过程出现失误就可能损害组织的声誉，为此应该遵循以下原则。

第一，申请书和个人简历必须按照规定的时间递交给招聘部门，以免丢失。

第二，每个工作申请人在招聘过程中的某些重要活动（如来组织见面），必须按时记录。

第三，组织应该及时对申请者的工作申请作出书面答复，否则会给工作申请人造成该组织工作不力或傲慢的印象。

第四，工作申请人和雇主关于就业条件的讨论应该以公布的招聘规定为依据，并及时记录。如果同一个工作申请人在不同的时间或不同的部门得到的待遇相差很大，必然出现混乱。

第五，没有接受组织雇用条件的申请者的有关材料应该保存一段时间。

企业招聘周期的长度受到许多因素的影响。首先，不同的工作岗位空缺填补的时间有所不同；在不同的社会中，劳动力市场的发达程度不同，组织的招聘周期也不一样；此外，组织人力资源计划的质量对招聘周期也有影响。

## 三、招聘渠道的类别及其选择

组织首先要确定自己的目标劳动力市场及其招聘收益的水平，然后选择最有效的吸引策略。招聘策略包括负责招聘的人员、招聘的来源和招聘方法三个主要方面。在设计外部招聘策略时，可以按以下步骤进行：第一，对组织总体的环境进行研究。这需要首先对组织的发展方向进行分析，然后再进行工作分析。第二，在此基础上推断组织所需要的人力类型。这需要考虑员工的技术知识、工作技能、社会交往能力、需求、价值观念等各个方面。第三，设计信息沟通的方式，使组织和工作申请人双方能够彼此了解、相互适应，为此，组织需要对工作申请人的人格、认知能力、工作能力和人际关系能力进行测试，可以选择让工作申请人与日后可能的同事进行面谈的方式，开展真实工作预览。

### （一）应征者的内部来源

实际上，组织中绝大多数工作岗位的空缺是由组织的现有员工填充的，因此组织内部是最大的招聘来源。在企业运用内部补充机制时，通常要在组织内部张贴工作告示，其内容包括工作说明书和工作规范中的信息以及薪酬情况，说明工作机会的性质、任职资格、主管的情况、工作时间和待遇标准等相关因素。这样做的目的是让组织的现有员工有机会将自己的技能、工作兴趣、资格、经验和职业目标与工作机会相比较。工作告示是组织最常使用的吸引内部申请人的方法，特别适用于非主管级别的职位。在这一过程中，组织人力资源部门必须承担全部的书面工作，以确保遴选出合适的内部申请人。

内部补充机制有很多优点：第一，得到升迁的员工会认为自己的才干得到了组织的承认，因此积极性和绩效都会提高；第二，内部员工比较了解组织的情况，为胜任新的工作岗位所需要的指导和训练会比较少，离职的可能性也比较小；第三，提拔内部员工可以提高所有员工对组织的忠诚度，使他们能够对自己的职业规划有比较长远的考虑；第四，上级对内部员工的能力比较了解，因此，提拔内部员工比较保险。

内部补充机制也有缺点：第一，那些没有得到提拔的应征者会不满，因此需要做解释和鼓励的工作；第二，当新主管从同级的员工中产生时，其他员工可能会不满，这使新主管不容易树立领导声望；第三，很多组织都要求经理人张贴工作告示，并面试所有的内部应征者，然而经理人往往早有中意人选，这就会使面试浪费很多时间；第四，如果组织已经有了内部补充的惯例，当组织出现创新需要而急需从外部招聘人才时，就可能会遇到现有员工的抵制，损害员工工作的积极性。

长期以来，尽管人们很想知道哪一种员工来源最有可能创造好的工作绩效，但是现有的研究还无法精确地回答到底哪种工作应该采用哪种招聘方式。不过一般而言，内部来源的员工比外部来源的员工离职率要低，长期服务的可能性要大一些。当然，在内部补充机制不能满足组织对人力的需求时，就需要考虑在组织外部劳动力市场去招聘。

## （二）招聘广告

招聘广告是补充各种工作岗位都可以使用的吸引方法，因此应用最为普遍。阅读这些广告的不仅有工作申请人，还有潜在的工作申请人，以及客户和一般大众，所以组织的招聘广告代表着组织的形象，需要认真实施。

组织将广告作为吸引工具有很多优点。第一，工作空缺的信息发布迅速，能够在一两天之内就传达给外界。第二，同许多其他吸引方式相比，广告渠道的成本比较低。第三，在广告中可以同时发布多种类别工作岗位的招聘信息。第四，广告发布方式可以给组织保留许多操作上的优势，这体现在组织可以要求工作申请人在特定的时间段内亲自来联系组织或者向组织的人力资源部门邮寄自己的简历和工资要求等方面。此外，组织还可以利用广告渠道来发布"遮蔽广告"。"遮蔽广告"指的是在招聘广告中不出现招聘组织名称的广告，这种广告通常要求工作申请人将自己的求职信和简历寄到一个特定的信箱。

使用广告启事时要注意两点。第一，媒体的选择。广告媒体的选择取决于招聘工作岗位的类型。一般来说，低层次职位可以选择地方性报纸，高层次或专业化程度高的职位则应选择全国性或专业性的报刊。第二，广告的结构。广告的结构要遵循"AIDA"原则，即注意（Attention）、兴趣（Interesting）、欲望（Desire）和行动（Action）。换言之，好的招聘广告要能够引起读者的注意并使其产生兴趣，继而产生应聘的欲望并采取实际的应征行动。

组织的招聘广告应该向合格的人才传达组织的就业机会，并为组织塑造一个正面的形象，同时提供有关工作岗位的足够信息，以使那些潜在的工作申请人能够将工作岗位的需要同自己的资格和兴趣进行比照，并吸引那些优秀的求职者前来申请。这不仅适用于组织在外部劳动力市场进行招聘，也适用于组织在内部的招聘工作。

## （三）职业介绍机构

近年来，我国已经出现了许多职业介绍机构。在美国，职业介绍机构有公立的也有私立的。公立职业介绍机构主要为蓝领服务，有时还兼管失业救济金的发放。私立职业介绍机构主要为高级专业人才服务，要收取一定的服务费，费用可以由求职者支付，也可以由雇主支付，这往往取决于劳动力市场的供求状况。实际上由雇主付费的情况居多。

职业介绍机构的作用是帮助雇主选拔人员，节省雇主的时间，特别是在组织没有设立人事部门或者需要立即填补空缺时，可以借助于职业介绍机构。如果需要长期借助职业介绍机构，组织就应该把工作说明书和有关要求告知职业介绍机构，并委派专人同几家职业介绍机构保持稳定的联系。

### （四）猎头企业

猎头企业是一种与职业介绍机构类似的就业中介组织，由于它特殊的运作方式和服务对象的特殊性，经常被看作一种独立的招聘渠道。一个被人们广泛接受的看法是，那些优秀的人才往往已经处于就业状态，猎头企业是一种专门为雇主"搜捕"和推荐高级主管人员和高级技术人员的企业，他们设法诱使这些人才离开正在服务的企业。猎头企业的联系面很广，而且它特别擅长接触那些正在工作并对更换工作有意向的人。它可以帮助组织的管理者节省很多招聘和选拔高级主管等专门人才的时间。但是，借助猎头企业的费用要由用人单位支付而且费用很高，一般为所推荐人才年薪的 1/4 到 1/3。

使用猎头企业的组织需要注意的是：第一，必须首先向猎头企业说明自己需要哪种人才及其理由。第二，了解猎头企业开展人才搜索工作的范围。美国猎头公司协会规定，猎头公司在替客户推荐人才后的两年内，不能再为另一个客户把这位人才挖走。所以，在一定时期内，猎头企业只能在逐渐缩小的范围内搜索人才。第三，了解猎头企业直接负责指派任务的人员的能力，不能受其招聘人物的迷惑。第四，事先确定服务费用的水平和支付方式。第五，选择值得信任的人。这是因为猎头企业为组织搜索人才时不仅会了解组织的长处，还会了解组织的短处，所以一定要选择一个能够保密的人。第六，向这家猎头企业以前的客户了解其服务的实际效果。

### （五）校园招聘

大学校园是专业人员与技术人员的重要来源。组织在设计校园招聘活动时，需要考虑学校的选择和工作申请人的吸引两个问题。在选择学校时，组织需要根据自己的财务约束和所需要的员工类型来进行决策。如果财务约束比较紧，组织可能只在当地的学校中进行选择，而实力雄厚的组织通常在全国范围的相关学校进行选择。

在大学校园招聘中，一个重要经验是最有名的学校并不总是最理想的招聘来源，其原因是这些学校的毕业生可能自视清高，不愿意承担具体而烦琐的工作，这在很大程度上妨碍了他们对经营的理解和管理能力的进步。

校园招聘的缺点是费钱、费时，需要事先安排时间，印制宣传品，并且还要做面谈记录。

大学毕业生在选择申请面试的组织时主要考虑的问题是组织在行业中的名声、组织提供的发展机会和组织的整体增长潜力等因素。一般而言，受商业周期对劳动力供求形势影响最明显的大学毕业生申请人，在商业周期走向高涨期间，他们是最大的受益者；而在商业周期走向衰退期间，他们是最大的受害者。因此，大学生应该重视招聘环节对就业机会的影响，想方设法给招聘者留下一个深刻的印象。

### （六）员工推荐与申请人自荐

过去，许多组织严格限制家庭成员在一起工作，以避免过于紧密的个人关系危害人事决策的公正性。不过，现在已经有很多组织逐渐认识到，通过员工推荐的方法雇用现有员工的家属或者朋友有很多好处。这种方式不仅可以节省招聘人才的广告费和付给职业介绍机构的费用，还可以得到忠诚而可靠的员工。但如果员工推荐的工作申请人的特征与组织的要求不匹配，不仅会影响自己在组织中的地位，而且将危害到自己和被推荐者之间的关系。

### （七）临时性雇员

随着市场竞争的加剧，组织面临的市场需求常常会有波动，而且组织还要应对经济周期的上升和下降。在这种情况下，组织往往需要在保持比较低的人工成本的同时，使组织的运营有着很高的适应性和灵活性。为此，组织可以把关键员工数量限制在最低的水平，同时建立临时员工计划。

这种计划可以有四种选择：第一种，内部临时工储备。组织可以专门向外部进行招聘，也可以把曾经雇用过的员工作为储备。第二种，通过中介机构临时雇用。组织可以同那些保持和管理劳动力储备的中介就业服务机构签订合同，临时性地使用这些机构推荐的人员。第三种，利用自由职业者，如与自由撰稿人和担当顾问的专家签订短期服务合同。第四种，短期雇用，即在业务繁忙的时期或者一个特定的项目进行期间招聘一些短期服务人员。临时性雇员计划的缺点是：第一，增加招聘的成本。第二，增加培训成本。第三，产品的质量稳定性下降。第四，需要管理人员加强对临时性员工的激励。

### （八）招聘来源的比较

组织在进行招聘时必须使潜在的工作申请人知道存在的工作机会。在现实的招聘实践中，组织有多种招聘来源可以选择，而组织具体选择哪种招聘方式在很大程度上取决于组织的传统和过去的经验。原则上，组织所选择的招聘渠道应该能够保证组织以合理的成本吸引到足够数量的、高质量的工作申请人。美国人力资源管理学界的一个主流看法是：招聘专业人员最有效的三个途径依次是员工推荐、广告和职业介绍机构；招聘管理人员的三个最有效途径依次是员工推荐、猎头企业和广告。

各种招聘来源吸引来的员工的工作前程可能具有不同的特征。一项研究表明，通过员工推荐进入组织的员工通常不会在很短的时间内离职。其原因可能有以下三个方面：第一是推荐者已经事先向被推荐者详细介绍了组织的情况，使得他进入组织后没有产生强烈的意外和失望；第二是被推荐者已经通过推荐者按照组织的需要进行筛选；第三可能是推荐者对被推荐者施加了某种压力，使其能够在组织中比较稳定地开展工作。还有研究表明，被推荐进入组织的员工在开始时获得的报酬水平比较高，但是在随后的晋级中，薪酬增加得比较缓慢。其原因可能是开始时组织对被推荐者的资格比较确信，但是随后这类员工的长期表现说明组织在开始时对他们的评价存在高估的现象。

# 第二节 人员甄选

## 一、人员甄选概述

甄选即为甄别和选择之意，也称为筛选和选拔。在现代企业人力资源管理中，它是指通过运用一定的工具和手段对已经招募到的求职者进行鉴别和考察，区分他们的人格特点与知识技能水平，预测他们未来的工作绩效，从而最终挑选出最符合组织需要的、最为恰当的职位填补者的过程。甄选过程的复杂性在于，组织需要在较短的时间内，在信息不对称的情况下，判断出求职者能否胜任所应聘的岗位，以及求职者能否认同本组织的企业文化与价值观，从而确认求职者能否胜任未来的工作岗位。在甄选的过程中，组织需要解决如何挑选合适的人，然后将他们正确地配置在合适的岗位上。总的来说，所有的甄选方案都是要努力找出那些最有可能达到组织绩效的人，但不是说一定要挑选出那些非常优秀的人才，相反，甄选的目的是让求职者与职位最优匹配。

员工甄选工作对一个组织来说是非常重要的。首先，组织的总体绩效在很大程度上是以员工个人的绩效为基础的，找到合适的员工是确保组织战略目标实现的最大保障。其次，如果甄选工作失误，组织将付出较高的直接成本和机会成本。直接成本包括招募成本、甄选成本、录用成本、安置成本、离职成本。机会成本是指因为用人不当，可能会使组织错失良好时机而给组织带来损害甚至是毁灭性的打击。甄选失误可能会对员工本人造成伤害，错误甄选代价不只是由组织来承担，同样会给员工造成损失和伤害。

## 二、人员甄选的方法

### （一）简历筛选

组织在发布招聘信息后，通常会收到大量应聘人员所投递的简历。招聘人员可以通过对这些简历的筛选，挑选出初步合格人员。在筛选简历时，主要考虑以下几个方面。

1.人员的基本信息是否与职位需要相符

比如，性别、年龄、户籍、婚姻状况、政治面貌、特长爱好等。如果职位要求是男性、未婚、中共党员，那么凡是不符合这些条件的应聘者就可以在筛选中过滤掉。

2.受教育程度和专业技术水平是否与职位需要相符

这主要是对应聘人员的学历、学位情况及专业技术状况进行考察，确保与组织的职位要求相符。

3. 工作经历和经验

组织中很多职位都是有经验要求的，招聘成员可以查看应聘者的经历和经验是否与组织的要求相符，也可以通过简历查看应聘者在之前工作中所取得的成绩、离职原因等，将之作为后续工作的依据。

4. 薪资要求

这是对应聘者的薪资要求与本组织的情况是否匹配进行考察，如果应聘者的薪资要求太高，本组织无法满足也只有将其过滤掉。

由应聘者自己设计的简历虽然内容丰富，外表美观，能从多方面反映应聘者的优点和长处，但是由于样式不一，不容易进行对比性评价，而且未必能反映组织所需要的信息。此时，组织可以要求应聘者按照固定格式填写求职申请表。求职申请表是人力资源招聘者根据组织的需要所设计的人员筛选工具，具有结构完整、能全面反映组织考察信息、限制不必要内容、标准化程度高且易于评估等优点。每次招聘的目的不一样，所设计的表格也可以不同。

## （二）笔试

并非所有组织的招聘都会有笔试环节，但多数批量性正规招聘都将笔试作为重要的人员甄选工具。一般来说，笔试的内容包括对有关的专业知识、智商、素质能力和兴趣等进行考查。笔试能在较短的时间内以较高的效率完成人员的大量筛选，但由于结果从书面上获得，且不排除结果的偶然性和作弊的可能性，因此，一般不会将笔试作为甄选的唯一方法，而是和其他方法一起使用。

笔试当中，试卷的设计、考试过程的控制、阅卷的标准和过程控制都十分关键，会对招聘的结果产生重要的影响。因此，招聘者对各个环节都要予以重视。

## （三）面试

1. 面试概述

面试是一种经过精心设计，在特定场景下，以面对面的交谈与观察为主要手段，由表及里测评应试者有关素质的一种方式。通过面试，组织与应聘者均能更好地了解对方，有助于作出下一步决策。

面试的优点：①面试内容灵活多样。与笔试的规范性试题不同，面试的内容可以根据实际情况不断变化，对应聘者进行全面考察。面试的内容可以包括应聘者的仪表与风度、活力、兴趣、爱好、工作动机与愿望、工作经验、知识水平、专业特长、思维能力、分析能力、语言表达能力、应变能力、工作态度、诚实性、纪律性、自控力等。招聘者可以根据不同的职位进行不同内容的面谈，考察应聘者的总体素质。②信息的全面性。笔试的结果仅仅是依据应聘者的卷面成绩作出判断，而面试则可以通过对应聘者的语言、动作、礼仪等一系列行为的考察，全面评价应聘者的综合素质。招聘者可以综合运用询问、倾听、观察等多种方式获得应聘者的信息，并进行综合判断。研究表明，在所有测评方式中，面试获取的信息最多、利用率最高。③交流的直接互动性。面试中应聘者的回答及行为表现，与招聘者的评判是直接相连的。考察者与被考察者面对面交流，应聘者没有时间充分构思后再作答，因此在一定程度上避免了回答的非真实性。因此，面试可以有效地避免高分低能者或冒名顶替者入选，可以弥补笔试的不足。

面试的缺点：①容易造成应聘者紧张而发挥失常。②面试中以招聘者的主观评价为主，招聘者可能徇私舞弊而故意刁难应聘者。③对于面试的情况难以记录，容易出现错误记忆的情况，等等。这些都可能导致面试结果不准确。

2. 面试的类型

根据不同的分类标准，面试有不同的分类。

根据面试的结构化程度，可分为结构化面试和非结构化面试及半结构化面试。结构化面试又称为标准化面试，是事先确定面试的内容、程序、评价标准和方法的面试，能按部就班地进行标准化测试，但不够灵活，不利于对问题进行深入了解。非结构化面试是根据面试的实际情况进行随机和应景性提问的方式。半结构化面试介于二者之间。

根据面试的压力分类，可分为压力面试和非压力面试。压力面试是将面试置于一种紧张的氛围中，让应聘者回答一些挑衅性、刁难性或攻击性问题，观察应聘者的反应能力、承受能力和紧急问题解决能力等。

非压力面试则是在轻松、友好的氛围中进行的面试。

按面试者与应聘者人数分，可分为一对一面试、多对一面试、一对多面试和多对多面试等。

3.面试的具体操作要点

（1）做好面试前的准备工作

在面试前，招聘者要做好相关准备。这些准备包括确定参加面试小组人员、确定面试形式、布置面试场景等。一般来说，面试小组的参加者应当有人力资源部门人员、用人部门负责人，如有必要，还可以邀请高层管理者或外部人力资源专家参加。面试的形式即确定采用哪些类型的面试活动。面试的场景要根据招聘的需要和拟采取的面试类型和方式来进行布置，一般要安静、明亮，有一定的音响设备和摄像设备，以便于其他人员了解应聘者。在场景设计中，要根据不同的面试需要处理好面试者与应聘者的位置关系，使面试能够顺利开展。

（2）面试中的提问

提问是面试中的关键技术，好的提问有助于面试的成功，而糟糕的提问则可能导致面试的失败。一般来说，在面试者开始与应试者接触时，提问应自然、亲切、渐进、聊天式地导入，而随着时间的推移，所提的问题应渐入正题，并始终围绕着面试主题展开。面试者要紧扣面试话题，要控制节奏，不要被应聘者带入不相关的话题中。

提问的方式。常见的提问方式有六种：一是收口式提问，即只要求应试者做"是""否"一个词或一个简单句回答的提问；二是开放式提问，即应试者不能只用简单的一个词或一句话来回答，而必须另加解释、论述，才能圆满回答问题；三是假设式，又称为情景式提问，是假定某种情形或场景，要求应试者予以回答，一般用于了解应试者的反应能力与应变能力；四是连串式提问，是面试者一次提三到五个问题，让应试者一起回答，常用于考查应试者的注意力、瞬时记忆力、情绪稳定性、分析判断力、综合概括能力等；五是压迫式提问，所提的问题具有挑衅性或刁难性，目的在于创造情境压力，以考察应试者的应变力与忍耐性，一般用于压力面试中；六是引导式提问，主要征询应试者的某些需求或获得一些较为肯定的回答，如薪资、福利、待遇、工作安排等问题。

提问的技巧。提问时，要确保所提的问题是围绕面试主题而展开的，所提的问题要明确、简约，不能似是而非，让对方觉得莫名其妙。在顺序上，要先易后难、循序渐进地提问。面试者要主导问题，不能被应聘者带偏，要善于恰到好处地转换、收缩、结束与扩展，技巧性地将被应聘者带偏的问题重新带回来。同时，所提的问题还要问准、问实，不能模棱两可等。

善于为应聘者提供弥补缺憾的机会。由于紧张等原因，难免有一些应聘者在问题回答尤其是前边几个问题的回答中表现不出自己的真实水平，此时，面试者要给他们提供弥补缺憾的机会。这要求面试者要做到：善于观察、善于提问，提高消除紧张和弥补缺憾的机会；对于难度大的提问，要给予适当的思考时间；面试结束前，要给应聘者提供一些可以自由发挥的机会；等等。

（3）面试中的倾听

在倾听应试者回答时，面试者的目光大体要在应试者的嘴、头顶和脸颊两侧这个范围活动，给对方一种你对他感兴趣、在很认真地听他回答的感觉，同时伴以和蔼的表情与柔和的目光与微笑。要正确应用目光和点头的作用。不要在应试者回答时随意点头、摇头、皱眉等，以免对应试者产生暗示的作用。要注意从言辞、音色、音质、音量、音调等方面分析应试者的内在素质。要善于把握与调节应试者的情绪。

（4）面试中的观察

面试中要认真观察，防止以貌取人，先入为主。要坚持目的性、客观性、全面性与典型性原则。

所谓目的性原则，是面试者在面试前要对面试的目的、项目、观察的标志等问题予以明确，在面试中要紧密围绕这些进行观察，而不要观察一些与目的无关的东西。

所谓客观性原则，是严格按照面试的目的和标准进行观察，不要带有主观判断，一切从实际出发，实事求是地评价。

所谓全面性原则，就是面试者不能仅凭一个细节或部分观察到的情况就对应聘者轻易下结论，而是要多方面把握应聘者的素质。

所谓典型性原则，是不对应聘者的全部行为做同等关注，而是对其典型行为和典型反应做特别留心。所谓典型行为，是指那些能真正揭示应聘者真实素质的行为。

同时，在观察时，面试者要充分调动视觉、听觉等多感官综合效应，发挥直觉效用。

**4.面试中应避免的消极效应**

面试中，常因为面试者的各种错误，导致面试的结果不够准确。这些常见的错误有如下几类。

（1）首因效应

也称为第一印象。即面试者根据开始几分钟，甚至是面试前从资料（如笔试、个人简历等）中得到的印象对应聘者作出评价。如果第一印象好，就认为这个人不错，反之就加以否定。

（2）对比效应

即面试者相对于前一个接受面试的应聘者来评价目前正在接受面试的应聘者。如第一个应聘者的表现一般，而第二个应聘者表现出色，则第二个应聘者得到的评价可能会比他本应得到的评价更高。

（3）晕轮效应

即"以点带面"，从某一优点或缺陷出发去评价应聘者的其他方面。如过分强调应聘者的不利因素，以至于不能全面了解这个人。比如，此人懂得礼貌且长相不错，就认为他在其他方面应该也不错。

（4）雇用压力

当上级对招聘结果有定额要求时，面试者对应聘者的评价就会偏高，或由于招聘时间紧迫，为完成招聘任务，不得不加快速度，急于求成。

（5）类我效应

这是指面试者对与自己有某些相似的人更容易作出好的评价。比如自己喜欢篮球，而刚好应聘者一谈到篮球就滔滔不绝，因此认为他可以胜任工作。反之，当面试者发现眼前的应聘者居然对篮球一问三不知，就觉得他什么都不行，肯定不能做好工作。

（6）不熟悉工作

面试者未能准确地了解工作包含什么，以及什么类型的求职者最适合工作，通常就会形成关于界定什么是好的求职者的错误标准。

（7）轻易判断

面试者通常在面试开始的几分钟就对候选人作出判断。一位研究者甚至发现，在很多案例中，面试者在面试开始前就已经对候选人作出了判断。

（8）他人影响

如果应聘者是某个自己尊敬的人推荐的，面试者就会对应聘者作出高于实际情况的评价；反之，如果应聘者是自己不喜欢的人推荐的，面试者就会对应聘者作出较差的评价。

（9）强调负面信息

面试者受不利信息的影响往往大于受有利信息的影响。例如，面试者从好的印象转变为坏的印象，要比从坏的印象转变为好的印象更为可能。

## （四）背景调查

背景调查是通过咨询应聘者从前就业的单位、曾接受教育的机构、推荐人等，核查其所提交的背景资料和证明材料等的真实性和有效性，以确定其是否符合组织职位需求的过程。

背景调查最好安排在面试结束与上岗前的间隙，因为此时大部分不合格人选已经被淘汰，剩下的考察对象已数量不多，可以减少调查的工作量和提高工作效果。

调查的内容要与工作岗位需求高度相关，避免查非所用，用者未查。一般来说，调查的内容可以分为两类：一是基本项目，如毕业学位的真实性、任职资格证书的有效性；二是与职位说明书要求相关的工作经验、技能和业绩等，不必面面俱到。因为如果调查的内容太多，会导致调查时间太长，一些优秀的人才是很多组织的争夺对象，很可能在此期间被其他组织抢夺走。

背景调查的对象通常有三类：一是学校学籍管理部门，可查询应聘者的学历、学位及科研成果等是否属实，也可以查询其在学校中的政治表现和校方评价；二是档案管理部门，一般来说，可以在这里查到应聘者原始的相关基础资料，用以辨别应聘者自己所携带材料的真实性；三是历任雇用单位，从原先的雇主那里可以了解到该应聘者之前的业绩和工作表现，但是，在进行这种调查时要注意甄别从雇用单位那里获得的信息的真伪，比如，有些人才的原有单位不愿意其流失，会故意降低对他的评价。

### （五）评价中心

严格来讲，评价中心是一种程序，而不是一种具体的方法，它是组织选拔管理人员的一项人事评价过程。一次完整的评价中心通常需要两三天的时间，对个人的评价是在团体中进行的。评价时，应聘者组成一个小组，由一组测试人员（通常测试人员与被试者的数量为1：2）对其进行包括心理测验、面试、多项情景模拟测验在内的一系列测评，测评结果是在多个测试者系统观察的基础上综合得到的。

常见的评价中心技术如下。

#### 1. 公文处理

公文处理是评价中心用得最多的一种测评形式。测试时，测试者将一大堆需要处理的文件，如信函、报告、命令和备忘录等来自上级、下级、平级和组织外部的各类典型问题和指示，要求应聘者在2～3小时内处理完毕。在应聘者处理完毕后，要求其填写一份行为理由问卷，阐释其如此处理的原因。如果测试者对结果有不清楚的地方或想深入了解应聘者，还可以与应聘者深入交流。最后，测试者将有关行为逐一分类，给出综合评价。

通过上述过程，测试者可以对应聘者在处埋各种文件方面的表现予以评价，观察其能否区分事情的轻重缓急，能否有条不紊地处理各项事务，自己难以处理的事情是否能及时请示上级，可以授权的事情能否授权下属，等等。测试者对应聘者执行各项管理职能的能力和对环境的理解与敏感程度予以评价，以辨别其与相应岗位的匹配性。

按照涉及的内容，公文处理有三种常见的形式。

（1）背景模拟

在测试前，将应聘者所处的工作环境、在组织中所扮演的角色、权力的大小、上级主管领导者的方式和行为风格、情境中各种角色人物的相互需求等信息提前告知，观察其在特定情景下处理事务的恰当性。

（2）公文类别模拟

这是观察应聘者在处理不同类别公文方面的表现。这种测试中，要处理的公文有三种类别：第一类是已有正确结论并已处理完毕归档的材料，通过对比应聘者的处理结果和已有结论，判断其处理的有效性；第二类是处理条件已具备，要求应试者在综合分析基础上进行决策；第三类是尚缺少条件和信息，测试应试者是否善于提出问题和获得进一步信息。

（3）处理过程模拟

这种测试要求应聘者以某一领导角色的身份参与公文处理活动，并尽量使自己的行为符合角色规范。在向应聘者交代完相关背景情况后和处理时间限制后，测试活动就可以开始。讨论中，应聘者可自由发表观点，并为自己所作出的决策进行辩护。这种讨论的目的最重要的不是讨论出最终的答案，而是让应聘者去预测自己的想法可能带来的后果，并自我纠正错误观点和决策，以激发其潜能。

2. 无领导小组讨论

这是指由一组应聘者组成临时工作小组，讨论给定的问题，并作出决策。讨论时，并不指定谁是负责人，测试者一般是坐在会议室隔壁的暗室中，通过玻璃窗或电视屏观察整个的讨论情形，通过扩音器聆听他们的讨论内容，看谁善于驾驭会议，或能集中正确意见并说服他人达到一致决议。测试者通过自己的观察对参与讨论的小组成员作出评价。

一般来说，测试者的评价标准通常有以下内容。

是否积极发言，是否善于提出新的建议和方案。

是否敢于发表不同意见，能否支持或肯定别人的意见或坚持自己的正确意见。

是否善于消除紧张气氛，营造民主讨论氛围，鼓励不愿意开口的人发言。

是否善于说服别人，调解争议问题，把众人的意见引向一致。

能否倾听和尊重别人意见，是否侵犯他人发言权。

观察其语言表达能力如何，是否能说到点子上。

观察其分析问题的深度，以及概括和总结不同意见的能力。

### 3.管理游戏

这是通过举行管理游戏，观察各位参加者的表现以进行评价。在管理游戏中，由应聘者组成不同游戏小组，并被分配一定任务，要求大家在团结协作的基础上成功解决任务。比如，购买、供应、装配或搬运。有时在游戏中也要引入一些竞争因素，如几个小组同时进行销售以分出优劣。

管理游戏的优点有：首先，能突破实际工作情景的时空限制，在最短的时间内全面展示应聘者解决特定任务的具体表现；其次，具有趣味性，能激发应聘者的参与兴趣，并能很快得到测试结果；再次，具有认知社会关系的功能，能帮助参与者对错综复杂的组织内部各部门之间的相互关系有一个更加深刻的了解。

管理游戏的缺点有：首先，管理游戏有各种前提和假设，与实际的管理活动存在一定差距；其次，压制了应聘人员的开创性，因为管理游戏中可能不具备开创精神存在的条件和背景；再次，对测试者的观察和评判能力要求较高。

### 4.角色扮演

这是要求应聘者扮演某个既定角色，观察其处理各种问题和矛盾中的表现是否符合其角色身份，以判断其素质潜能的一种方法。

## （六）心理测试

这是利用心理学的研究成果，测试应聘者是否具备职位所需要的心理素质和个性特征的一种方法。常见的测试类型如下。

### 1.能力测试

这是对应聘者是否具备完成某种活动的能力进行测试。这种测试具有两种功能：一是判断应聘者具备哪些能力，即诊断功能；二是测定应聘者在从事具体活动中是否能成功以及何种程度的成功，即预测功能。一般来说，能力测试包括一般能力测试、能力倾向测试和特殊能力测试三种。

（1）一般能力测试

这是对应聘者基本能力进行测试，如观察力、记忆力、思维能力、想象力、注意力等。通常的测试可通过智力测试来实现。

韦克斯勒认为，智力是个人有目的地行动、理智地思考以及有效地应付环境的整体的或综合的能力。智力常用智商衡量，比奈认为，可用心理年龄来衡量智商水平；特曼则提出了比例智商的概念，认为个体的比例智商 = 心理年龄 / 实际年龄 ×100；韦克斯勒提出用离差智商来衡量智商，某人的离差智商 =100+15×（个体测验分数 – 团体测验平均分）/团体分数标准差。

（2）能力倾向测试

招聘选拔中常见的能力倾向测试内容有：言语理解能力、数量关系能力、逻辑推理能力、综合分析能力、知觉速度和准确性等。为了准确进行测试，一些机构专门编制了成套测试方法，有代表性的能力倾向测试有一般能力倾向测试和鉴别能力倾向测试。

（3）特殊能力测试

对于一些特殊职位，可能对应聘者的特殊能力有要求，那么此时组织就可以开展特殊能力测试。测试者应根据不同职位类别，选择相应的测试方法。

### 2. 人格测试

人格由体格与生理特质、气质、能力、动机、兴趣、价值观、态度等多种特质组成，是个体对现实的稳定态度和习惯的行为方式。

目前的人格测试方法主要有两个：自陈式测试和投射式测试。前者是向应聘者提出一组有关个人行为、态度方面的问题，由其根据自己的情况进行回答，测试者将其答案与标准进行对比，从而判断他们的人格。自陈式测试法具体有卡特尔 16 种个性因素测试、明尼苏达多项人格测验、迈尔斯 – 布里格斯类型指标、九型人格测试等。投射式测试是向应聘者提供一些刺激物或设置一些刺激情景，让他们在不受限制的条件下自由作出反应，测试者通过他们的反应来判断其人格。投射式测试的常用方法有罗夏墨迹测试和主题统觉测试等。

### 3. 情商测试

情商又称情绪智力，是相对智商而言的心理学概念，是情绪的商数，或称情绪智慧。它是指人对乐观与悲观、急躁与冷静、大胆与恐惧、沉思与直觉等情绪反应的程度。美国心理学家丹尼尔·戈尔曼认为，情商主要包括五大能力：认识自身情绪的能力、管理自己情绪的能力、自我激励的能力、认知他人情绪的能力、人际关系处理的能力。

现代心理学认为，对于职业的成功来说，情商比智商更重要。因此，越来越多的组织开始重视对应聘者的情商进行测试。这种测试对于管理岗位和一些特殊岗位如销售等尤为重要，而一些普通岗位比如车工、钳工，也并非不需要考虑情商因素。研究表明，高情商的人比低情商的人更能实现技术工种的顺畅沟通和协调配合。

# 第三节　内部招聘与外部招聘

## 一、内部招聘的方式和流程

内部招聘是指通过企业内部获取企业所需要的各种人才。企业本身是一个人才的蓄水池，由于工作和岗位的原因，很多人才的优点未能被发现，因此内部招聘的最重要方式是竞聘上岗。

### （一）竞聘上岗的原理

干部竞聘上岗是与干部任期制和能岗匹配原理密切相连的，能岗匹配原理是竞聘上岗的理论基础，干部任期制是竞聘上岗的制度基础，这三者的结合使国有企业人事制度改革成为操作性很强、威力也很强的一项行之有效的改革。

目前干部竞聘上岗有以下几种情况：规定所有干部的任期，任期一到，全部下岗，而后在企业内部范围内重新公开竞聘上岗；对现有空缺岗位与新增岗位竞聘上岗；对部分岗位做竞聘上岗的试验，以求逐步推广。

竞聘上岗的原理是：具有一定学历和一定经历的人群均可能具备担任某一岗位职务的能力，企业必须通过公开竞聘的方式，从这一组人群中挑出最适合、最匹配的人，使职得其才，才得其用，能岗匹配，效益最佳。

目前试行的竞聘上岗正是以追求人才的合理开发、人才的合理配置、人才的最佳使用为目的。同时这也是对传统的人事任免制度的改革，是极大鼓舞斗志、广开才路的好方法。

竞聘上岗是内部招聘人才的主要方法，具有竞争性和科学性。

## （二）竞聘上岗的操作规程

竞聘上岗代表传统的人事管理向新型、更注重能力开发的人力资源管理的转变。竞聘上岗应符合一定的操作规程。竞聘上岗的岗位必须事先公布，必须使所有员工周知。

为保证竞聘上岗的公正、公开、公平，必须成立竞聘上岗领导小组，小组内应至少有一人是企业外部专家，负责指导较专业、较科学的竞聘工作，同时监督其公正性。

所有竞聘岗位无一例外地不能有定选对象，领导不能参与推荐、暗示或个别谈话。

竞聘岗位均要有科学完整的岗位说明书，并公告企业员工，对应聘条件的设计必须具有普遍性，不能针对某些个体或小群体，应结合企业实际情况，确定合适的基本条件。同时，要注意"申请池"的大小规格，一个岗位不能只有一两个人申请，一般比例不应低于1：6。"申请池"不能太大，这样会使得应聘者的希望过于渺茫，竞聘成本也高。"申请池"的大小，通常与竞聘条件的选择有关，一旦出现"申请池"太小的情况，可考虑放宽竞聘条件或放弃该岗位的竞聘，待条件成熟时再竞聘。

竞聘的步骤可按以下方法进行，部分企业可根据具体情况采用其中的若干步骤。

第一，发布竞聘公告，包括竞聘岗位、职务、职务说明书、竞聘条件、报名时间、地点、方式等。

第二，对"申请池"进行初步筛选，剔除明显不符合要求的申请者，使"申请池"变小。

第三，组织相关的"文化考试"或"技能考试"，组织必要的与竞聘岗位有关的其他测试。

第四，情景模拟考试。

第五，组织"考官小组"进行综合全面的"诊断性面试"，面试的指标体系的设计和权重体系的设计是至关重要的，一定要有针对性。不同的企业应采用不同的指标体系和权重体系。

第六，辅以一定的组织考核，对应聘者以往的工作业绩、实际的工作能力、群众对其的认可度等进行考核，按 1 : 3 的比例推荐给企业领导。

第七，按德、才、能、识、体进行全面衡量，在符合企业运作的决策会议上作出决策。

第八，公布决策，宣布任命。

## 二、内部招聘的优点

### （一）能激发员工的内在积极性

随着社会的进步和经济的发展，人们的需求已逐步地把对货币报酬的狂热转移到一些非货币报酬上来。在非货币报酬中，有工作本身的报酬（包括工作的挑战性、先进性、趣味性等）和工作环境的报酬（包括企业的知名度和社会美誉度、企业的发展前景、个人的发展空间、有能力而公平的领导、健康环保舒适的工作环境、融洽的人际关系等），其中人们最关心的是"个人的发展空间"和"工作的挑战性"。内部招聘的方法本身就存在极大地鼓舞员工内在积极性的功能。企业一旦启动内部招聘，员工就能感受到企业真正提供给自己的发展空间，存在晋升的希望和推销自己、引起组织注意和信任的希望。

### （二）能使员工迅速地熟悉工作和进入工作

"上岗"和"入岗"始终是招聘工作中不可忽视的两个方面，既要保证有合适的人实实在在地"上岗"，还要保证他们能迅速地进入角色，即"入岗"。内部招聘的人力资源熟悉企业的工作环境和工作流程，熟悉企业的领导和同事，了解并认可企业的文化、核心价值观和其他的硬件环境。因此，他们能迅速地"上岗"，又能迅速地"入岗"，减少了由于陌生而必须缴纳的各种"学费"，包括时间、进度和可能的失误。

### （三）能保持企业内部的稳定性

新员工和老员工、新员工和企业，碰撞最多的是企业文化和企业核心价值观，当然也有一些非主流方向的碰撞。无论是何种碰撞，其结果都有两个方面的作用，一是促进企业思考和发展，二是扰乱了企业的日常秩序和日常运作，可能出现不稳定的情况。内部招聘使企业在补充优质人力资源到重要岗位和合适岗位时，不会出现任何的不稳定因素，保持了企业内部的稳定性。

### （四）能尽可能地规避识人用人的失误

采用企业内部谨慎而缓慢的提升制度是有一定道理的，其主要作用是尽量多地规避用人失误的风险，尽量少地承受识人用人失误的代价。由于企业对员工有较长时间的了解，就可以有效地规避识人、用人的失误。

### （五）能最大限度地降低招聘成本

一次大规模的公开招聘，总要消耗企业相当多的时间和财力。其中包括招聘前的准备，招聘中的运作、评价、测试和背景资料的收集，招聘后人员到位的一系列安排，均需消耗企业的财力、物力。内部招聘可以使企业节省相当多的各个环节的财力开支，最大限度地降低招聘成本。

## 三、内部招聘的缺点

### （一）容易形成企业内部人员的板块结构

人员流动少以及内部晋升的途径和方法均容易形成企业内部人员的帮派和板块结构，当内部晋升渠道畅通时，非正式组织想推举自己小圈子的人员就成为一种必然。

### （二）可能引发企业高层领导的不团结因素

用人的分歧历来是企业高层领导的重要分歧，因为这涉及权力的分配，涉及个人核心班子的组成和个人的威信。因此，当用人出现分歧时，可能使企业高层领导原本存在的不团结状况加剧，而这种状况的产生是内部招聘过程中最大的不利因素。

### （三）缺少思想碰撞的火花

内部晋升，被晋升的人和企业群体原本是和谐的，观念、文化、价值观彼此认同。因此，那种"新官上任三把火"的状态不会存在，企业不会因为这种人事变更而产生思想碰撞，也不会产生由于这种碰撞出现的不平衡，而引发深层思考和继续碰撞。

### （四）企业高速发展时容易以次充优

不少企业为了规避识人与用人的失误，几乎所有的干部均由内部选拔。由于身边的人是领导最了解和最信任的人，因此每次内部晋升时，他们是晋升的主要对象，以至于不少企业的员工认为，领导身边的人个个都是"鸡犬升天"。当企业高速发展时，这种由内部晋升的方法不仅不能满足工作的需要，而且"以次充优"的现象将会十分普遍和严重，这就大幅度地降低了企业的竞争力和发展潜力。

### （五）营私舞弊的现象难以避免

由于彼此的熟悉和了解，当一个崭新的机会来临时，不可避免地会出现托人情、找关系的现象，这种找关系的结果就会出现徇私情、走后门、官官相护或利益联盟的情况，从而不利于企业的发展。

### （六）容易出现涟漪效应

内部的每一次提升，都会出现一连串的调动，这种"牵一发而动全身"的涟漪效应会使企业领导不得不去接受本不应该变动的岗位和个人，从而给企业工作带来不便。

### （七）"近亲繁殖"使后续发展力度受到影响

师带徒的形式始终是企业"人才流"形成的主要形式，内部晋升容易出现"近亲繁殖"，犹如人类的发展一样，近亲繁殖容易产生有缺陷的后代。因此，智力的"近亲繁殖"、企业经营理念和方法的"近亲繁殖"都可能给企业后续发展带来不良的影响。

内部招聘的方式对于国有企业而言，日益得到普及和重视，原有的任命制将随着改革的深入而逐渐消失，代之而起的是内部的竞聘上岗。竞聘上岗的方法和竞聘之后的选择与决策，对于国有企业葆有生存的生机和发展的动力均是十分重要的。

## 四、外部招聘的优点

### （一）补充新鲜血液

企业引进一个人，这个人必然风风火火地进入企业，因为多数应聘者是想有所为、有大为，才会积极地参与应聘，他们很有可能给企业带来新的思想、新的观念、新的信息、新的方法、新的社会关系。这种引进，必然给企业带来思想碰撞，带来新的活力。

### （二）加强战略性人力资源目标的实现

战略性人力资源目标是紧扣企业战略目标而设定的，具有战略性、前瞻性、科学性和系统性，因此，选人的标准就必须符合战略性要求，高层次的人才、高新技术人才、管理人才、稀缺人才等，都要有计划、分阶段地引入，包括成本核算、岗位匹配、能力培养、职业规划等均需有计划，并在一个大系统中运行。

### （三）规避涟漪效应产生的各种不良反应

当企业由于工作发展而需要增设一个领导岗位时，或者因为退休、离职、调动、流动、生病等各种原因而产生人才需求时，内部晋升的涟漪效应，即动一岗则动多岗、动一人则动多人的现象使企业被迫接受许多不应接受的岗位和人员变动，外部招聘则完全规避了涟漪效应，按图索骥即可，无须变动其他岗位和人员。

### （四）规避过度使用内部不成熟人才的现象

以次充优和过度使用内部人才是内部招聘的主要弊端，外部招聘坚持"能岗匹配"的原则，使企业内部人员能获得必要的培训和充足的成熟时间，规避了过度使用内部不成熟人才的现象。

### （五）节省了部分培训费用

外部招聘通过按图索骥的方式使企业能获得高素质人才，他们符合企业所要求的学历和经历。这样，企业就节省了部分培训费用。外部招聘是"拿来主义",不仅节省了培训费用,而且节省了培训时间,它不仅节省了学历教育所付的费用,更重要的是节省了为获取经验所交的"过失费用",这种社会学校和商业战场的"学费"常常较之学校学历教育所付的费用更加昂贵。

## 五、外部招聘的缺点

### (一)招聘成本高

招聘高层人才,所需的人才少,招聘的覆盖区域却要宽得多,有时甚至需要覆盖全国或者一个大片区;招聘人才层次低,所需人才多,招聘的覆盖区域却可以相对小,有时甚至在一个县区或一个地区即可。无论是招聘高层次人才,还是中、基层人才,均须付相当高的招聘费用,这包括招聘人员的费用、广告费用、测试费用、专家顾问的费用等。

### (二)可能会选错人才

虽然招聘的过程经过层层把关,又因为有专家顾问的参与,选才的准确度大大提高,但仍无法排除选错人的风险。因为任何事物均有其规律性,有些应聘者是应聘场上的"老运动员",具备应付临场考试的各种能力,却偏偏不具备实际工作中所要求的那些能力。这种人比例虽小,但也有可能会被某些企业所误用。选错人,不但浪费了人力、物力、财力,而且影响了企业的正常运作,甚至会直接导致企业错失发展的良机。

### (三)给现有员工以不安全感

每当企业由于某个原因出现干部需求时,企业内部的员工就会渴望获得它。如果企业从外部招聘人员来补充,这必然使内部员工感觉到自己丧失晋升的机会,会逐步产生对现有职业的不安全感。员工的不安全感必然导致其在工作中情绪低落,员工队伍的稳定性也会受到挑战。

### (四)文化的融合需要时间

引入的人才会带来新的思想、新的观念、新的信息、新的方法,同时也带来对现有企业文化的挑战。文化和价值观的融合需要时间,彼此的认同和相互吸引是事业成功的基础,而融合的时间会在一定程度上影响工作的进展。

### （五）上岗入位需要时间

新引入的人才不容易立刻上岗入位，对本职工作的熟悉，对企业工作流程的熟悉，对与之配合的工作部门的熟悉，与领导、下属、平级同僚的工作默契均需假以时日进行磨合，对企业外界相关工作部门的熟悉和建立良性关系也同样需要时间，这种时间成本的投入也是企业必须考虑的不利因素。

## 六、内部招聘与外部招聘的注意事项

以上分析了内部招聘与外部招聘各自具备的优点和缺点，对于一个企业，把握人力资源获取必须注意以下几个方面。

外部招聘是企业补充人员的主渠道。

高层管理人才应使外部招聘与内部招聘两个渠道都畅通。

高新科技人才应主要考虑从外部招聘，应委托专门的猎头企业或从专门科研机构招聘。

中层管理人员可考虑以内部招聘为主。在企业高速发展时，应着眼于战略人力资源储备，此时应采取内部招聘与外部招聘相结合的方式。

无论是内部招聘还是外部招聘，都应争取企业外部专家顾问的帮助。

无论通过何种渠道招聘，均应遵循公平、公开、公正的原则。这有助于企业塑造良好的形象，同时也有助于增强企业凝聚力。

人力资源的获取，既是人力资源管理部门的主要工作，也是企业领导的重要工作，企业领导必须关注和参与。

# 第四节　招聘流程

## 一、制定招聘流程的目的

对招聘人数较多或常年招聘的组织来讲，制定明确的招聘流程是非常有必要的。

## （一）规范招聘行为

招聘工作并不是人力资源部门可以独立完成的工作，它涉及组织内部各个用人部门和相关的基层、高层管理者。所以招聘工作中各部门、各管理者的协调能力就显得十分重要。制定招聘流程，使招聘工作固定化、规范化，便于协调，防止出现差错。

## （二）提高组织的招聘质量

在众多的应聘者当中准确地把适合的人员选拔出来，并不是一件简单的事情。因为在招聘活动中既要考核应聘者的专业知识、岗位技能等专业因素，又要考核应聘者的职业道德、进取心、工作态度、性格等非智力因素。通过制定招聘流程，让招聘工作更加科学、合理，从而有效地提高招聘效率、质量，同时降低招聘成本。

## （三）展示组织形象

招聘和应聘是一种双向选择，招聘活动本身就是应聘者对一个组织更进一步了解的过程。对应聘者而言，组织的招聘活动本身就代表着组织的形象。企业招聘活动严密、科学而富有效率，会让应聘者对一个组织产生好感。

# 二、员工招聘流程

## （一）人力资源规划和工作分析

企业在招聘之前，需要做两项重要的基础性工作，那就是：人力资源规划和工作分析。企业的人力资源规划是运用科学的方法对企业人力资源需求和供应进行分析和预测，判断未来的企业内部各岗位的人力资源是否达到综合平衡，即在数量、结构、层次多方面平衡。工作分析，是分析企业中的这些职位的职责是什么，这些职位的工作内容有哪些以及什么样的人能够胜任这些职位。两者的结合会使得整个招聘工作的科学性、准确性大大提高。

## （二）提出招聘需求

凡用人部门提出招聘需求（新增编人员或编制内缺员），需经领导审核批准。组织开展研讨会议，对用人部门的人力资源需求状况进行调查，掌握哪些岗位需要多少人员，以及获得这些人员大致需要招揽多少求职者，以制订合理的招募范围与规模，提出招聘的职位、人数及要求。保证招聘工作有的放矢、有条不紊地按计划实施。

## （三）制订招聘计划

招聘计划是指组织根据发展目标和岗位需求对某一阶段招聘工作所做的安排，包括招聘目标、信息发布的时间与渠道、招聘员工的类型及数量、甄选方案及时间安排等方面。

具体来讲，员工招聘计划包括以下内容：①招聘的岗位、要求及其所需人员数量。②招聘信息的发布。③招聘对象。④招聘方法。⑤招聘预算。⑥招聘时间安排。

招聘计划的制订，需要在招聘需求确定后，结合具体岗位的工作分析和单位的总体人力资源规划进行。招聘计划的内容制订完毕后，还需要提交领导批准后才能进行招聘信息的发布，招聘活动才能继续进行。如果所需招聘人员是在人员预算范围之内，一般审批程序会进行较快；如果所需招聘人员是在人员预算范围之外，公司高层管理人员就需要对招聘的必要性进行审核和论证。确认招聘需求后，获得审批的招聘计划书会直接发送回人力资源部，由人力资源部门的工作人员正式开始招聘活动。

## （四）发布招聘信息及搜寻候选人信息

一个组织要想成功开展员工招聘，首先要做好招聘宣传工作。招聘单位要通过多种渠道将招聘信息向社会发布，向社会公众告知用人计划和要求，确保有更多符合要求的人员前来应聘。

1. 选择招聘渠道

招聘的渠道有两种：一是内部招聘，二是外部招聘。选择内部招聘抑或外部招聘，均需要根据企业的实际情况确定，如考虑本企业的人员状况，空缺岗位任职条件，信息发布的费用成本等。如果确定是内部选拔，需要考虑是采取职位公告法、员工推荐法，还是利用人才储备库。如果选择外部招聘，需要确定发布招聘信息的渠道，如通过现场招聘会、招聘广告、职业介绍机构，还是校园招聘、网络招聘等。

2. 搜寻候选人信息

搜寻候选人信息可以通过以下几种方式进行：①应聘者自己所填的求职表，内容包括姓名、年龄、性别、学历、专业、工作经历及业绩等。②推荐材料，即有关组织或个人向单位写的推荐材料。③调查材料，指对某些岗位人员的招聘，还需要亲自到应聘人员工作过或学习过的单位或向其接触过的有关人员进行调查，以掌握第一手材料。

# 第三章　员工培训

## 第一节　培训与开发概述

培训与开发是人力资源管理的一项重要职能和手段。培训与开发不是可有可无的选择性事件，而是人力资源管理的重要组成部分，是对人力的投资。作为人力资本内涵扩张的有效途径，培训与开发已成为现代企业组织获取竞争优势的有力武器。

### 一、培训与开发

#### （一）培训与开发的含义

培训与开发是人力资源管理的一项重要内容。人力资源的培训与开发都是指为了满足企业不断发展的需要，为了提高员工的知识，改善员工的工作态度，使员工能胜任本职工作并不断有所创新，在综合考虑组织的发展目标和员工个人发展目标的基础上，对员工进行的一系列有计划、有组织的学习与训练活动。因此，培训与开发有时被统称为人力资源开发。但是，培训与开发也是有区别的，它们的差异取决于目标的指向。培训是一种相对目标更明确的活动，它的目的是帮助员工完成当前的工作，主要是培养员工与当前工作或特定任务相关的能力。而开发则是以提高员工的适应能力为导向，其中心问题是使个体能够适应预期的变化或者复杂的工作环境。

具体来说，培训就是有计划地帮助员工学习与工作相关的基本能力的过程。培训的目的在于使员工的知识、技能、态度以及行为得到改进，从而使其发挥最大潜力以提高工作绩效。如今，越来越多的企业认识到，要想通过培训获取竞争优势，培训就不能仅限于对员工进行基本技能的开发，还要为其提供范围更广阔的技能，在竞争日益激烈的今天，仅仅能胜任工作是不够的，对员工的培训还要关注他们分析和解决工作中发生的问题的能力，满足现代企业对速度和灵活性的要求。另外，培训还要从单纯地向员工传授具体的技能转变为营造一种知识和谐共享的氛围，使员工能够自发地分享知识、创造性地应用知识来满足客户的需求。开发指的是有助于员工为未来工作做好准备的正规教育、工作实践、人际互动以及人格和能力评价等各种活动。开发侧重于使员工获得既可用于当前工作又为未来职业生涯所需的知识和技能，主要是通过提高他们的能力以使他们能够为未来的职位、技术或工作的变化做好准备。开发是以未来为导向的，它有助于员工跟上组织的变化和发展。由上面的论述可以看出，由于现代企业的培训越来越重视同企业发展和经营战略的契合度，培训与开发之间的界限已经变得越来越模糊。

## （二）培训的特点

### 1. 实用性

企业培训不是花拳绣腿，企业也不需要形式上的培训，培训需要成本，而企业投入成本是希望通过培训实现收益。让员工成长进步，从而满足企业生产经营的需求，最终将培训成果转化为提高企业的实际绩效。

### 2. 广泛性

广泛性是指培训对象和培训内容的广泛性。培训对象广泛性包括决策层、管理层、基层员工；培训内容广泛性是指培训不仅涉及一般管理知识、计划、组织、协调、控制等，而且包括财务、营销、生产、技术等具体经营环节的专业知识和技能，甚至包括新知识、新技能。

### 3. 系统性

培训是一项系统工程，组织应该根据战略发展的需要详细设计、规划和实施培训工作。

### 4. 全员参与性

要把所有员工都纳入培训管理中，企业不存在不需要培训的人，包括决策层人员和人力资源管理者本人。

## 5. 科学计划性

培训不能盲目进行，培训实施前要做科学的培训需求分析，在培训需求分析基础上制定培训计划或实施方案，然后认真执行，否则无法达到培训的目的。

## 二、培训的类型

### （一）按照培训的内容不同划分

根据培训内容的不同，可以将培训分为基本技能培训、专业知识培训和工作态度培训。基本技能培训是通过培训使员工掌握从事职务工作必备的技能；专业知识培训是通过培训使员工掌握完成本职工作所需要的业务知识；员工态度培训是通过培训改善员工的工作态度，使员工与组织之间建立起互相信任的关系，使员工更加忠诚于组织。这三类培训对于员工个人和组织绩效的改善都具有非常重要的意义。因此，在培训中应予以足够的重视。

### （二）按照培训的对象不同划分

按照培训的对象不同，可以将培训分为新员工培训和在职员工培训。新员工培训又称先导性培训或岗前培训，主要是让新员工了解组织的工作环境、工作程序等。在职员工培训是对组织中已有的人员进行培训，主要是为了提高现有员工的工作绩效。

### （三）按照培训的目的不同划分

按照培训的目的不同，可以将培训分为应急性培训和发展性培训。应急性培训是组织急需什么知识、技能就培训什么。例如，企业计划新购一台高精度的仪器，而目前又没有员工能够操作，就需要进行针对此仪器的应急性培训。发展性培训是从组织长远的发展需要出发而进行的培训。

## 三、培训的目的

一般认为培训的目的在于让员工掌握培训项目中所传授的知识、技能，进一步讲，是让员工提高自我意识、转变态度和动机，改善员工工作绩效并提升组织的整体绩效。这是组织进行培训的初衷和根本原因，也是衡量培训工作成败的根本性标准。如果不能实现这一目标，培训工作就是不成功的。

概括来说，培训的目的主要表现在以下4个方面：实现组织经营战略目标的需要；实现员工个人目标的需要；选拔人才的需要；留住人才的需要。

## 四、培训的意义

### （一）培训有助于提高组织的应变能力

现代科技日新月异，社会竞争日益激烈，只有增强组织的应变能力，构筑自己的竞争优势，才能在竞争中谋求生存和发展。组织的每项变革的成功实施，每一项新技术的成功研发，都离不开员工的知识和技能。因此，组织只有在人员的培训上保持持久的竞争优势，才能不断适应市场的变化与发展。

### （二）培训有助于提高企业的绩效

组织绩效的实现是以员工个人绩效的实现为前提和基础的，有效的培训工作能帮助员工提高他们的知识、技能，改变他们的态度，增进他们对企业战略、经营目标、规章制度、工作标准等的理解，不断提高工作积极性和个人绩效，进而改善企业的绩效。

### （三）培训有助于强化员工的忠诚度

许多员工认为，培训是组织提供的福利，是组织关心员工个人成长和发展的体现。每个员工都有追求自身发展的欲望，当员工无法有效地完成自己的工作时，就会形成工作压力，并在各方面表现出来。如果组织不能给员工提供有效的培训，就会导致员工工作激情的下降，甚至会导致优秀员工的流失。成功的培训能提高员工的知识技能，有效减少工作压力，并增加工作乐趣。同时，通过培训来减少员工的流动率和流失率，既有助于强化员工的敬业精神和对企业的忠诚度，又有助于降低劳动力成本和管理成本。

就企业而言，对员工培训得越充分，对员工就越具有吸引力，越能发挥人力资源的高增值性，从而为企业创造更大的效益。有资料显示，百事可乐公司对深圳 270 名员工中的 100 名进行一次调查，这些人几乎全部参加过培训。其中 80% 的员工对自己从事的工作表示满意，87% 的员工愿意继续留在企业工作。培训不仅提高了职工的技能，而且提高了职工对自身价值的认识，对工作目标有了更好的理解。

### （四）培训有助于激发员工的积极性

员工培训是一项重要的人力资本投资，同时也是一种有效的激励方式。如果员工通过培训感受到自己的价值得到了组织的认可，并在工作中受到重用，就会极大增强他的工作责任感、成就感和自信心。受训后的员工会感激组织为他们提供个人成长、发展和在工作中取得更大成就的机会，会对工作充满热情，对自己充满信心，也就会更加主动应用和发挥所学知识并施展其创造力，为企业作出更大的贡献。

### （五）培训有助于培养组织文化

良好的组织文化将会对员工有着强大的吸引、导向和激励作用。组织文化中包含组织成员共同遵守的价值观念和行为准则，需要得到全体人员的认可和宣传，而培训就是一种很有效的学习和宣传手段。将组织文化和组织形象的建设转化为具体的学习活动，企业通过培训造就训练有素、德才兼备的员工，能使顾客满意度提高，并让顾客透过员工良好的行为表现去感受优秀的组织文化。

### （六）培训有利于打造学习型组织

学习型组织是致力于知识的获取和创造，并以知识作为发展的动力和基础的组织。学习型组织在许多方面都显示出无比的优越性，如解决系统化的问题、富有创新性的工作、学习自己和他人过去的经验、快速而有效地将知识转变为生产力等。未来唯一可以持久的优势是有能力比自己的竞争对手学习得更快、更好。经常开展培训活动能培养更多的学习者，营造组织共同的学习环境，打造学习型组织。

## 五、培训的原则

为了取得良好的培训效果，组织在培训中应遵循以下几项原则。

### （一）战略原则

组织培训要服从组织的整体发展战略，最终目的是实现组织的发展目标。因此企业应以战略的眼光去组织培训，不能局限于某一个培训或某一项培训需求，而是要立足长远的发展，从未来发展的角度出发进行培训，这样才能保证培训工作的主动性，而不是仅仅充当临时"救火员"的角色。

### （二）目标原则

为了保证培训的效果，在培训的过程中要贯彻目标原则。企业在进行培训前，要设置清晰的培训目标，使受训人员能够清晰自己的努力方向，并有一定的学习压力。目标的设置要结合培训课程和员工的个人实际情况，目标要清晰、明确、适度，是员工通过学习可以达到但是又要付出一定的努力的。

### （三）激励原则

为了更好地调动员工的积极性和学习热情，使他们能够主动、自觉地参与培训，提高培训的效果，企业在培训过程中要坚持激励的原则。例如，培训前，领导要充分重视培训工作，积极向员工宣传培训对于个人和组织的重要性；培训过程中，要及时反馈培训的效果，密切关注员工的培训过程；培训结束后要进行考核，考核结果应与员工的直接利益挂钩，考核优秀者要给予一定的奖励，考核成绩较差者要进行相应的惩罚。

### （四）实效原则

企业组织员工培训的目的在于通过培训让员工掌握必要的知识技能，以完成规定的工作，提高员工个人的绩效，进而提高整个组织的整体绩效。因此，在培训项目实施中，应注重培训内容，而不要追求培训形式，要把培训内容和培训后的使用衔接起来。

### （五）效益原则

员工培训是企业的一种投资行为，和其他投资一样，企业也应从投入产出的角度考虑效益大小及远期效益、近期效益问题。

### （六）差异性原则

差异性包括两方面：培训内容的差异性和培训对象的差异性。

#### 1. 培训内容的差异性

由于培训的目的是改善个人的业绩，培训内容要和员工的工作相关。在企业中每个人的分工是不同的，因此，培训内容也有所差异。在培训中，企业要结合员工的职位不同和实际水平的差异来确定培训内容。

#### 2. 培训对象的差异性

全员教育培训，就是有计划、有步骤地对所有在职员工进行教育和训练，它的对象应包括企业所有员工。重点培训的对象是对企业的发展起着关键作用的领导人才、管理人才和工作骨干。

# 第二节　培训的流程

组织培训工作要做到行之有效，首先必须建立一套比较完善的培训流程。一般来说，完整的培训流程包括培训需求分析、培训计划制订、培训活动实施、培训效果评估四个阶段，每个阶段都有各自不同的内容和任务。

## 一、培训需求分析

培训需求分析作为现代培训教育的首要环节，是指通过对组织及其成员的目标、技能、知识、态度等的分析，来确定个体现有状况与应有状况的差距以及组织与个体的未来状况。因此，现代培训需求分析有三大层次：个体分析、组织分析、战略分析，它们共同构成现代培训需求分析的内容。

### （一）培训需求分析的层次

#### 1.培训需求分析的个体层次

培训需求分析的个体层次是以员工个体作为分析的对象，主要分析员工个体现有状况与应有状况之间的差距，在此基础上确定谁需要和应该接受培训及培训的内容。

对员工个体进行分析包括两个方面：一是个体绩效分析。它往往是通过绩效评估的方式进行的。通过分析工作人员绩效，可以发现工作人员绩效水平的高低，从而进一步寻找绩效水平较低的原因，如知识技能问题、组织体制问题、士气问题等，以决定是否需要通过培训来解决问题。二是知识、技能和能力分析。要确定一个分析标准，即员工从事某一工作所必需的知识、技能和能力，企业以这些标准同员工现有的知识、技能和能力进行比较，寻找其中的差距，以此为依据来决定谁需要参加培训及培训内容。

（1）培训部门对个体的分析

在培训需求分析中，培训部门应同组织领导、人事部门、工作人员等加强联系，相互指导、帮助和鼓励。培训部门可以通过散发广告、布告、通知、传单等，同个体工作人员讨论各项培训选择；通过同面临各种问题的领导者一起工作，来决定培训需要解决的问题。组织健全的培训部门都有针对每一个工作人员的培训详细目录，该目录记录了每一个工作人员曾经参加的培训，并指出未来培训与开发的可能性。这对确定工作人员的培训需要是非常重要的。

（2）人事部门的分析

人事部门在组织中的特殊地位及其与员工的关系，决定了它也是确定谁需要及谁会获得培训的关键参与者。人事部门一般也是通过绩效评估的方式来了解员工的实际表现。

（3）员工对自身的分析

员工个体对自身的分析主要通过两种方式进行：一是通过制订个人职业发展规划的方式进行，明确职业发展目标以及实现发展目标所需要的知识、技能、能力等方面的要求，以作为确定培训需求的依据；二是通过工作总结的方式进行，即通过自我总结、反省，发现自己的差距与不足，从而决定通过何种培训类型来解决自身存在的问题。

员工进行自我需求分析与组织的培训需求可能有冲突，同时员工的自我需求分析有时也有一定的局限性。如作为机构和组织，它往往更多的是从组织需求的角度来确定和衡量人员的个体培训需求，因而个人的培训意愿可能与组织的培训需求不一致；员工有时可能会"当局者迷"，不能觉察到自己可以利用的各种培训选择，往往需要其他人员的指导和帮助。培训需求分析中没有员工的参与对于培训计划的确定以及培训目标的最终实现也是不利的。一般情况下，只有员工最了解自己的培训需求，最了解自己的缺失与不足。没有员工的自我分析，可能会造成培训与培训需求的脱节。同时，如果一个员工对组织分配的培训没有积极性，那么他就会想方设法地逃避培训责任。如果一个员工没有完全理解培训的益处，那么他就很难被激励起来。如果员工对派出参加培训感到不满意，那么他往往表现出缺乏培训热情，并且在培训过程中会因不能积极投入而影响最终的培训效果。因此，在培训过程中，如果没有员工的自我需求分析，不但培训很难顺利进行，而且培训效果也很难保证。

2. 培训需求分析的组织层次

培训需求的组织分析有广义与狭义之分。从广义上讲，培训需求的组织分析主要是指通过对影响培训规划设计和组织绩效的组织目标、资源、环境等因素的系统分析，准确找出组织存在的问题，并确定培训是否为解决此类问题的最有效的方法及组织最需要的培训类型等。从狭义上讲，培训需求的组织分析主要是指通过对完成组织任务所需要的知识、技能状况同现有状况的差距的分析，确定组织的培训需求及内容。

（1）组织目标的分析

组织目标作为一定时期内组织及其成员的行为动力和前进方向，既对组织的发展起决定性作用，也对培训规划的设计与执行起决定性作用。一般来说，组织目标决定培训目标，培训目标为组织目标的实现服务。有什么样的组织目标，就会有什么样的培训目标，组织目标与培训目标具有内在的一致性。当组织目标不清晰、不明确时，培训目标便难以确定，培训规划也难以设计与执行，也不可能详细说明培训过程中应用的标准。因而在培训需求分析中，详细说明组织目标显得尤为重要。

既然明确、清晰的组织目标有助于培训目标的确定、培训规划的设计与执行，那么当组织目标不清晰而组织绩效低下时，应如何处理呢？在这种情况下，对于组织来说，应通过组织变革等方式首先确定组织目标，然后再确定是否为培训问题。

（2）组织气候的分析

所谓组织气候是指在组织内存在的、能够影响培训效果的诸因素的总称，包括价值观、人际关系状况、态度、制度构成、领导水平等。一般情况下，培训与组织气候的关系是辩证的，一方面，组织气候决定、影响和制约培训效果，组织气候的变化必然导致培训效果的变化；另一方面，培训效果对组织气候具有反作用。

很多研究表明组织气候对于培训具有重要作用。有研究者指出，当培训规划与工作现场的价值不一致时，培训效果将很难保证；有研究者表示，培训部门对知识、技能的获得投入了大量的精力，而对培训后将要发生的情况考虑不足；还有研究者认为，如果受训者同事的行为方式同受训者在培训中学习到的行为方式相一致，那么受训者在工作中将会被"提醒"而运用所学到的行为方式。上述几种观点都说明了组织气候的重要性。

（3）组织资源的分析

组织资源的分析主要包括组织人员的安排、设备类型、财政资源的描述，其中最重要的是人力资源分析。人力资源分析主要是对组织内现有人力资源状况的分析，它往往涉及组织工作人员的数量、质量、结构等方面。一般来说，由于人们调离原单位到其他不同的组织工作，退休，在组织内部获得晋升，生产结构、工艺流程的改变，导致的人员下岗以及组织内产生新任务等，都会导致人力资源不足。这就促使组织想方设法地弥补人力资源的不足，或者到组织外重新雇用一批人员，或者是迅速设计培训规划为现有工作人员提供指导，为新工作任务做准备。这些工作都必须建立在人力资源分析基础之上。

3. 培训需求分析的战略层次

所谓战略分析是指组织对未来的发展方向和发展战略的分析。传统上，人们习惯于把培训需求分析集中在个体与组织方面，并以此作为设计培训规划的依据。一般来说，集中于个体与组织的需求分析，对组织的过去和现在的需求比较敏感。但是如果组织发生了重大变化怎么办？这就要求组织在注重过去与现在需求分析的同时，还应该重视组织及其成员未来的需求分析，即战略分析。

在战略分析中，有三个领域必须考虑到：组织优先权的改革、人事预测、组织态度，它们是战略分析的主要工具。

（1）组织优先权的改变

一般来说，组织优先权是指组织当前的工作重心，或组织当前必须优先考虑的问题。随着外界环境的变化，组织优先权也不断发生变化。组织优先权的改变应注意：培训部门不能仅仅考虑现在的需求和建立在过去倾向基础上的服务提供，它还必须具有一定的前瞻性，必须分析组织的未来需求，并尽量为组织未来的可能变化做准备，这就需要提前制订培训规划。

引起组织优先权改变的因素包括新技术的引进，财务上的约束，组织的撤销、分割或合并重组，领导人的意向，各种临时性、突发性的事件等。

（2）人事预测

人事预测是对组织未来人力资源状况的一种预先分析，主要包括需求预测和供给预测两部分内容。需求预测主要考察一个组织所需的人员数量及这些人员必须掌握的技能。供给预测不但要考虑可能参加工作的人员数量，而且要考察这些人员所具有的技能状况。例如，通过需求预测，运输部门可能预测到需要增加一部分工程技术人员。通过供给预测，运输部门就可以发现全国，尤其是一些关键地区和部门工程技术人员的短缺状况。运输部门就可以利用这些信息制订一个包括培训、工资待遇、职务晋升、新员工录用的计划，以保证所需人员的雇用、培训和再培训。

（3）组织态度

在培训需求的战略分析中，收集全体人员对其工作、工资、晋升、同事等的态度和满意程度的信息是非常重要的。这主要是因为，首先，对态度和满意程度的调查能帮助了解组织内最需要培训的领域；其次，对态度与满意程度的调查不仅可以表明是否需要培训以外的方法，而且也能确认那些阻碍改革和反对改革的领域。

必须明确的是，培训需求分析的三大层次并不是独立的，而是相互关联、互有交叉。具体表现为：个体分析是组织分析和战略分析的基础，无论是组织分析，还是战略分析，最终均体现为工作人员个体的培训需求的确定；战略分析是个体分析和组织分析的延伸和深化，个体分析和组织分析集中于组织及其成员的现有培训需求，战略分析集中于组织及其成员的未来培训需求，都是对组织及其成员培训需求的分析。因此，组织在进行培训需求分析时，应把三个层次综合起来同时进行，以保证培训需求分析的有效性。

### （二）培训需求分析的方法

可以用来进行培训需求分析的方法有许多种，下面主要介绍四种可供选择使用的培训需求分析方法。

#### 1. 访谈法

这是一种大家都了解的方法，就是通过与被访谈人进行面对面的交谈来获取培训需求信息。应用过程中，可以与企业管理层面谈，以了解组织对人员的期望，也可以与有关部门的负责人面谈，以便从专业和工作角度分析培训需求。一般来讲，在访谈之前，要先确定到底需要何种信息，然后准备访谈提纲。访谈中提出的问题可以是封闭式的，也可以是开放式的。封闭式提问的访谈结果比较容易分析，但开放式提问的访谈常常能发现意外的事实。访谈可以是结构式的，即以标准的模式向所有被访者提出同样的问题，也可以是非结构式的，即针对不同对象提出不同的开放式问题。一般情况下是把封闭式提问和开放式提问结合起来使用，并以结构式访谈为主，非结构式访谈为辅。

采用访谈法了解培训需求，应注意以下几点。

确定访谈的目标，明确"什么信息是最有价值的、必须了解到的"。

准备完备的访谈提纲。这对于启发、引导被访谈人讨论相关问题，防止访谈中心转移是十分重要的。

建立融洽的、相互信任的访谈气氛。在访谈中，访谈人员需要首先取得被访谈人的信任，以避免被访谈人产生敌意或抵制情绪。这对于保证收集到的信息具有正确性与准确性非常重要。

另外，访谈法还可以与问卷调查法结合起来使用，通过访谈来补充或核实调查问卷的内容，讨论填写不清楚的地方，探索比较深层次的问题和原因。

### 2. 问卷调查法

问卷调查法是以标准化的问卷形式列出一组问题，要求调查对象就问题进行打分或做是非选择，从而获取信息的方法。当需要进行培训需求分析的人较多，并且时间较为紧急时，就可以精心准备一份问卷，以电子邮件、传真或直接发放的方式让对方填写，也可以在进行面谈和电话访谈时由调查人自己填写。在进行问卷调查时，问卷的编写尤为重要。

编写一份好的问卷通常需要遵循以下步骤。

①列出希望了解的事项清单。

②一份问卷可以由封闭式问题和开放式问题组成，两者应视情况各设置一定比例。

③对问卷进行创作、编辑，并最终形成文件。

④检查问卷，并加以评价。

⑤在小范围内对问卷进行模拟测试，并对结果进行评估。

⑥对问卷进行必要的修改。

⑦实施调查。

### 3. 绩效分析法

培训的最终目的是改进工作绩效，缩小或消除实际绩效与期望绩效之间的差距。因此，对个人或团队的绩效进行考核可以作为分析培训需求的一种方法。

运用绩效分析法需要注意把握以下四个方面。

①将明确规定并得到一致同意的标准作为考核的基线。

②集中注意那些希望达到的关键业绩指标。

③确定未达到理想业绩水平的原因。

④确定通过培训能达到的业绩水平。

### 4.胜任能力分析法

胜任能力是指员工胜任某一工作所应具备的知识、技能、态度和价值观等。现在,许多企业都在依据经营战略建立各岗位的胜任能力模型,为企业员工招聘与甄选、培训、绩效考评和薪酬管理提供依据。

基于胜任能力的培训需求分析有两个主要步骤。

职位描述:描述出该职位的任职者必须具备的知识、技能、态度和价值。

能力现状评估:依据任职能力要求来评估任职者目前的能力水平。

使用这一方法的企业或培训经理普遍认为,当职位应具备的能力和个人满足职务的实际能力得到界定后,确定培训需求就变得容易了。

最后,要注意的是,企业运用这些方法分析培训需求时,需要慎重考虑每一种被使用的方法的具体使用效果:其中的一些方法本身就可能无法得出"全面客观"的结果,而其中的另一些方法则需要"用到位"才可能产生"全面客观"的结果。

## 二、培训计划制订

在明确了培训需求以后,就可以确定培训的目的和计划了。培训计划制订可以使培训目标变为现实。所谓培训计划是根据组织的近期、中期、远期的发展目标,对企业员工培训需求进行预测,然后制订培训活动方案的规划。培训计划主要包括确定培训目标、培训内容、培训形式、培训人员以及培训预算等工作。

## (一)培训目标

要制订明确的培训计划,首先要有明确的培训目标。培训目标是培训者检查培训活动是否达到培训要求的尺度。它是描述培训的结果,而不是过程。一般来说,培训的目标分为以下三大类。

### 1.技能的培养

在较低层次的员工中,技能的培养目标主要是具体的操作;在高层管理人员中,技能的培养目标主要是思维、判断、决策的训练。企业通过对员工技能的培养,使其掌握完成职位工作所必备的技术和能力,如实操技能、沟通技能、谈判技能、分析技能等。

### 2. 知识的传授

企业通过培训使员工具备完成职位工作所必需的业务知识，提高工作绩效。

### 3. 态度的转变

企业通过培训使员工具备完成职位工作所需要的工作态度，如积极性、参与性和服务意识等。

在设置这些具体目标时，要注意的问题首先是组织期望员工做哪些事情，也就是培训的内容；其次是组织希望员工以什么样的标准来做这件事；最后是在什么条件下要达到这样的标准。

## （二）培训内容

培训的内容包括开发员工的专业技术、技能和知识，改变工作态度的企业文化教育等，可依照培训人员的对象不同而分别确定。

企业在拟定培训内容以前，应先进行培训需求的分析调查，了解企业及员工的培训需求，研究员工所担任的职务，明确每项职务应达到的任职标准，然后再考察员工个人的工作业绩、能力、态度等，并与岗位任职标准相互比较。某员工尚未达到该职位规定的任职标准时，不足部分的知识或技能便是应培训的内容，通过企业的内部培训，给予补足。

## （三）培训对象

人力资源开发的培训对象，可依照阶层级别（垂直类）及职能（水平类）加以区分。阶层级别大致可分为普通操作员级，主管级及中、高层管理级。职能可分为生产系统、营销系统、质量管理系统、财务系统、行政人事系统等。在组织、策划培训项目时，应该决定培训人员的对象，然后再决定培训内容、时间期限、培训场地以及授课讲师。培训学员的选定可由各部门推荐，或自行报名再经甄选程序而决定。

## （四）培训形式

培训形式有岗前培训、在职培训、脱产培训等，培训形式的选择对于培训的实施和培训的效果具有非常重要的影响。

### （五）培训预算

培训是需要经费做支撑的，因此，在培训计划中还应该编制培训预算。这里的培训预算一般只计算直接产生的费用，包括培训的教材费、培训的授课费、场地租用费和培训设备费等。做好培训预算，可以保证获得充足的资金，进而保证培训顺利实施。

## 三、培训活动实施

培养计划明确了培训的目标，确定了培训的范围、方法、组织管理等工作，为培训的实施提供了依据。制订好组织的培训计划后，就可以实施培训活动了，它包括选择培训机构、培训讲师、培训教材、培训设施、培训地点和培训时间等工作。

### （一）培训机构

培训的实施机构主要有内部培训机构和外部培训机构两种。组织内部培训是指使用组织内部的资源包括场地、培训讲师等进行的培训。组织外部培训是指利用外部培训机构对员工进行培训，包括组织付费的学历教育。在外部培训实施过程中，组织的相关管理者也要参与计划的制订与实施。无论是内部培训还是外部培训，都有各自的优缺点，如何选择培训机构要根据组织的具体情况而定。

### （二）培训讲师

组织在选择培训讲师时要十分慎重，因为培训讲师水平的高低直接影响培训的效果。培训讲师既要有广博的知识，又要有丰富的实践经验；既要有扎实的技能水平，又要有良好的道德品质。具体来说，可以从三个方面进行考察：广博的知识、强烈的责任心和良好的沟通能力。

### （三）培训教材

培训教材一般由培训讲师参与确定。培训教材的选用要与培训目标一致，所选教材的范围、深度、结构要能够与受训者的实际相匹配。

### （四）培训设施

在培训计划中要清楚地列出培训所需的设施，如投影机、白板、音响等，要从视觉效果、教室大小、座位安排以及辅助的教学设备等方面布置好培训环境。特别是需要特殊设备的培训活动，一定要事先做好充分的准备，并注意提前测试设备，保证设备的正常运转。

### （五）培训地点

培训地点就是培训在哪里进行，合适的培训地点有利于培训的顺利进行，增强培训的效果。为了保证培训的顺利进行，组织事先需要选好培训地点，需要考虑的因素有培训内容、培训方式、培训费用及受训者交通是否便利等。培训场地一般可分为利用内部培训场地及利用外面专业培训机构和场地两种。内部培训场地的优点是组织方便、费用少，缺点是培训形式较为单一；外部专业培训机构和场地的优点是可利用特定的设施，可离开工作岗位专心接受训练，且应用的培训技巧亦较内部培训多样化，缺点是组织较为困难，且费用较高。

### （六）培训时间

一般而言，培训的时间和期限可以根据培训的目的、培训的场地、培训讲师、受训者的能力及上班时间等因素而决定。一般新入职人员的培训（不管是操作人员还是管理人员），可在实际从事工作前实施，培训时间可以是一周至十天，甚至一个月；在职员工的培训，则以培训者的工作能力、经验为标准来决定培训期限的长短。培训时间的选定以尽可能不影响工作为宜。

## 四、培训效果评估

培训的某一项目或某一课程结束后，一般要对培训的效果进行评价和反馈，以便找出受训者和组织从培训中获得的收益。对于员工来讲，收益意味着学到了新的知识和技能，个人得到了成长和提高。对于组织来说，则是带来了整体绩效的提高、顾客满意度的增加。

评估培训效果是指针对培训结果，运用一定的方法或测量标准检验培训是否有效的过程。培训效果评估是一个完整的培训流程的最后环节，它既是对整个培训活动实施成效的评价与总结，同时评估结果又为下一次培训活动确定培训需求提供了重要信息。

有关培训效果评估的最著名的模型是由柯克帕特里克提出的。从评估的深度和难度看，柯克帕特里克的模型包括反应层、学习层、行为层和结果层四个层次，这也是培训效果评估的主要内容。

### （一）反应层评估

反应层评估是指受训人员对培训项目的看法，包括对老师、设施、方法和内容等的喜好程度，这些反应可以作为评估培训效果的依据。如果评估的信息显示大多数受训者都喜欢培训项目，那么就说明他们对培训的内容是可以接受的。否则，受训者将没有兴趣来参加培训，也没有积极的学习态度。反应层评估可以提供改进培训的建议，为今后的培训提供参考。

反应层评估主要采用是问卷调查。问卷调查是在培训项目结束时，收集受训人员对于培训项目的效果和有用性的反应，受训人员的反应对于重新设计或后续培训至关重要。

### （二）学习层评估

学习层评估是目前最常见，也是最常用到的一种评估方式。它是测量受训人员对原理、事实、技术和技能的掌握程度。学习层评估的方法包括笔试、技能操练和工作模拟等。笔试是了解受训人员知识掌握程度的最直接的方法。对一些技术工作，则可以通过绩效考核来了解受训人员掌握和提高技术的程度。强调对学习效果的评价，有利于增强受训人员的学习动机。

### （三）行为层评估

行为层评估往往发生在培训结束后的一段时间，由上级、同事或客户观察受训人员的行为在培训前后是否有差别，他们是否在工作中运用了培训中学到的知识、技术，行为是否有所改变。这个层次的评估可以采取问卷调查或实际考核的方式进行，当然也包括受训人员的自我评价。

### （四）结果层评估

结果层评估则是评估培训项目给组织带来了什么样的结果或变化，对受训者或组织的绩效有什么改善。对组织而言，培训结果可以通过一些指标来衡量，如事故率、生产率、员工流动率等。通过对这样一些组织指标的分析，企业能够了解培训带来的收益。当然，培训的结果也不能简单地用一些数据来考量。

培训效果评估的方法有很多，在进行具体的评估时，组织应当根据评估的内容来选择合适的方法。进行反应层评估时常常采用问卷调查法、访谈法等；进行学习层评估时常采用考试法、演讲法、讨论法和演示法等；进行行为层评估和结果层评估时，更多是采用实际考核和分析总结的评估方法。

# 第三节　员工培训的方法

不同的培训方法适用于不同的培训目的和培训需求，培训方法的选择直接关系培训的效果。企业在培训方法的选择上要充分考虑培训对象的特点，创造轻松、活跃的培训环境，选择培训对象容易接受和理解知识的培训方法。下面就详细地介绍一些组织培训的具体方法。

## 一、讲授法

讲授法是培训师用语言把知识、技能等内容系统地传授给学员，使学员能记住重要内容的培训方式。在这种培训方式中，学员只是单纯地吸收知识，培训师与学员之间是单向地沟通。现代讲授法已经应用了多种视听手段，比如 PPT 和视频等，画面优美，声音动听，学员很容易进入学习情境。

根据讲授者对学员传授方式的不同，讲授法可以分为以下几种。

1. 注入式讲授

授课过程中信息输入完全来自讲授者，一切都在培训师的控制之下。培训师明确细致地讲解所有知识要点，学员只是被动接收信息，参与程度较低。

2. 启发式讲授

授课过程中培训师提供一些新的信息和结论，然后提一些问题让学员参与讨论，学员参与程度较高。

### 3. 发现式讲授

学员在培训师指导下进行学习，并得出自己的结论。这一类型的讲授要求学员独立探索新概念、新事实。学员的参与程度比启发式讲授更高，培训师能及时收到良好的反馈。

### 4. 开放式讲授

这是一种讲授者和学员互动的方式，整个活动的主体是学员，培训实施者的作用是制定规则、检测鉴定。

讲授法的优点：①易于安排整个讲授程序，能传递大量信息，成本低并最省时间。②适合任何数量的听众。③培训师能集中向学员介绍较新的研究成果，有较强的针对性。

讲授法的缺点：①对学员和培训师的要求都较高。强调的是信息的聆听，学员处于被动的位置，不容易调动其积极性。②由于主要是单向沟通，学员的反馈有限，培训师很难迅速、有效地把握学习者的理解程度，学习的成效并非很高。为克服这些问题，讲授法常常会附加问题、讨论和案例研究。

## 二、案例分析法

案例分析法又称为案例研究法或案例研讨法，是一种体验式培训方法。案例分析法是指把实际工作中出现的问题作为案例，交给学员研究、分析、评价，指出正确的行为，并提出其他可能的处理方式，以此提高学员们的分析能力、判断能力、解决问题能力及执行能力的一种培训方法。案例分析法由哈佛大学于 1880 年开发完成，后被哈佛商学院用于培养高级经理和管理精英的教育实践。该方法一般以会议讨论的方式进行，适用于新进员工、管理者、经营干部、后备人员等，其培训目标主要是提高学员解决问题的综合能力，使他们在以后的工作中能够出色地解决各类问题。

案例分析法的优点：①案例分析的过程需要学员积极参与，进行讨论，最终得出结论，所以参与性较强。②通过对个案的研究和学习，员工能够明显地增加对组织各项业务的了解，掌握有关管理方面的知识和原则,提高员工解决问题的能力。③它是一种信息双向交流的培训方法,有助于培养员工良好的人际关系,增强企业内部的凝聚力。

案例分析法的缺点:①案例所提供的情境不是真实的情境,学员不能亲临其境,不可避免地存在失真。②对案例的要求很高,在案例的收集和编写时,不仅要注意其与培训内容的关联性,还要关注其是否能激发学员的研究兴趣。

## 三、角色扮演法

角色扮演法是指在一个模拟的环境中,规定学员扮演某种角色,借助角色的演练来理解角色的相关内容,模拟性地处理工作事务,从而提高问题处理能力的一种培训方式。角色扮演法最常用于人际关系的培训,它可以展示人际沟通中的不同手段与观念,为体验各种行为并借此进行评价提供了一种有效的工具。另外,这种方法也可用于询问、电话应对、销售技术、业务会谈等基本技能的学习与训练。它与模拟的区别在于学员可选择的反应类型及情境信息的详尽程度不同。角色扮演提供的情境信息十分有限,而模拟所提供的情境信息通常比较详尽。

角色扮演法的优点:①学员的参与性强,学员与培训师之间的互动交流比较充分。这一点有助于提高学员的学习积极性,变被动为主动,使其积极参与培训。②特定的模拟环境和主题有助于训练学员的基本技能,有利于增强培训的效果。③通过亲身体验和观察其他学员的扮演情况与行为,有助于学员发现问题,提高观察能力和解决问题的能力并学习各种交流技能。

角色扮演法的缺点:①学员的角色扮演不一定会完全成功,一次失败的体验可能会挫伤学员的积极性。②角色扮演法具有较高的要求,符合培训目的的角色扮演往往对培训师和学员的水平有很高的要求。

## 四、游戏培训法

游戏培训法是运用先进的科学手段,综合心理学、行为科学、管理学几方面知识,积极调动学员的参与性,使原本枯燥的概念变得生动易懂。它把受训者组织起来,在培训师所给予的规则、程序、目标和输赢标准下，就一个模拟的情境进行竞争和对抗式的游戏。培训时，往往以小组形式进行，需要整组学员的通力合作才能够取得游戏的最终胜利，能够在不知不觉间提高学员的领导才能及团队精神。学员在决策过程中会面临许多实际的矛盾，决策成功或失败的可能性都同时存在，需要学员积极地参与游戏，运用有关的理论与原则、决策力与判断力对游戏中所设置的种种状况进行分析研究，采取必要的办法去解决问题，以争取游戏的胜利。

游戏培训法的优点：①教学方法生动具体，能够激发学员对于培训的兴趣，不会因为感到枯燥乏味而减弱培训效果。②学员能够对所要培训的内容拥有比传统培训方法更加直观、更加具体的理解，认识也更加深入。③可以让参训者通过自己在游戏中的行为而联想现实中可能产生的后果，从而影响学员对类似事件的思考方式与决策选择。④游戏的过程可以改善学员之间的关系，也可以提高学员们的团队合作精神。

游戏培训法的缺点：①从前期的游戏选择、道具准备到游戏的进行直至最后的结果和行为分析，都需要相当长的时间。②在游戏设计、规则制定、胜负评判等方面，游戏培训法都有较大的难度，这对培训师把握游戏的能力有相当高的要求。③不论游戏如何生动具体，模拟的情况如何接近于现实，它毕竟不是真实的状况，即使在比赛中失败也没有真正的损失，也不用承担现实世界中所应承担的责任，所以也容易使学员在处理问题时没有足够的责任心。④模拟游戏对于学员在今后工作中的影响有多大的实用性在短时间内不能够得到证实。

## 五、仿真模拟

仿真模拟是指把培训对象置于模拟的现实工作环境中，让他们依据模拟的情境作出反应，分析、解决实际工作中可能出现的各种问题，为实际岗位的工作打下基础的一种培训方法。仿真模拟培训针对特定的条件、环境及工作任务进行分析、决策和运作，可以让学员在一个人造的、无风险的环境下看清他们所作决策的影响，常常被用来传授生产和加工技能及管理和人际关系技能等，如培训飞行员的飞行模拟器。

仿真模拟可分为模拟设备和模拟情境两类。前者主要是以模拟设备为基础，对学员使用该设备的技能进行模拟训练。在模拟设备的操作训练过程中，学员可以反复练习，不用太担心失误会带来不良后果，也可以在训练过程中进行自我反馈和自我纠正。后者主要是根据培训的需求和实际的工作环境，模拟某一工作情境，让学员在一个现实的社会环境氛围中对未来的职业岗位有一个比较全面的理解，主要是针对某些有特别要求的行业。

仿真模拟的优点：①复制了学员在实际工作中所使用的物理设备，不用太担心错误的操作会带来不良的后果，可以用更少的成本支出确保培训时最大的安全性。②管理和人际关系技能训练的仿真模拟不会真正导致人际关系的破裂，学员可以放心进行模拟训练。

仿真模拟的缺点：①模拟训练的情况与现实情况之间始终会有一些差距，因此，模拟的解决方式不一定完全适用于现实情况。②模拟设备的关键在于要具有与工作环境相同的因素，而且随着外部环境和内部环境的变化发展，模拟设备必须及时更新，因此，其开发成本通常比较高。③培训师必须熟练掌握各项技能，才能使学员通过仿真模拟得到真正的训练。

## 六、行为示范法

行为示范法是指让培训对象观摩行为标准样例或视频、PPT 等，并进行实际操练的一种培训方法。

行为示范法结合了几种不同的培训方法和学习原则，它主要包括以下四个部分。

### 1. 明确重点

开展教学活动时，需要列举培训计划重要的目标和目的，指出学习的关键点所在。

### 2. 示范演示

通过观看示范者的标准样例或视频、PTT 等，学员进行模拟训练。示范者主要展示应对相关情形的方法，并讲解学习的重点内容。

### 3. 反复练习

培训的大部分时间用于练习，即学员模拟示范者的行为，进行训练。

4. 进行强化

反馈可以向学员提供强化信息以肯定他们执行的正确行为。行为示范法以社会学习理论为依据，强调学习是通过观察示范者演示的行为及替代强化而发生的。

行为示范法的优点：①更适合于学习某一项技能或行为，能够让参与者比较好地领会参与的目的。②为学员创造一个实践的良好机会，有利于员工在培训中提高人际关系的交往能力和特殊的工作技能。

行为示范法的缺点：①行为示范法存在不少不确定的结果和未验证的假设，特别是有关学员将培训内容应用于现实环境中可能会产生困惑。②大多数培训师依靠训练标准来评估该方法的培训效果，而没有评估这些行为的工作产出。③现存的行为示范模式太简单或冗长或不现实，其系统因缺少变化而缺乏吸引力。

## 七、头脑风暴法

头脑风暴法是一种通过小型会议的组织形式，让所有参加者在自由愉快、畅所欲言的气氛中，自由交换想法，并以此激发与会者创意及灵感，使各种设想在相互碰撞中激起创造性"风暴"。采用头脑风暴法时，要集中相关专家召开专题会议。主持者向所有参与者阐明问题，说明会议的规则，尽力创造融洽轻松的会议气氛，一般不发表意见。头脑风暴法的参加者，都应具备较高的联想思维能力。在进行"头脑风暴"时，应尽可能提供一个有助于把注意力高度集中于所讨论问题的平台。有时某个人提出的设想，可能正是其他准备发言的人已经思考过的设想。其中一些非常有价值的设想，往往是在已提出设想的基础之上，经过"思维共振"而迅速发展起来的设想或者是对两个或多个设想的综合设想。因此，头脑风暴法产生的结果，应当作为专家成员集体创造的成果，是专家组这个宏观智能结构相互感染的总体效应。为便于提供一个良好的创造性思维的环境，会议的人数和会议进行的时间十分重要。经验证明，专家小组规模以 10 ～ 15 人为宜，会议时间一般为 20 ～ 60 分钟效果最佳。

头脑风暴法的优点：①头脑风暴法的心理基础是一种集体自由联想而获得创造性设想的方法，它可以创造知识互补、思维共振、相互激发、开拓思路的条件，因此，可收到思路流畅、思考领域扩大的效果。②头脑风暴法可以剔除平庸的方案，对所讨论的问题进行客观、连续的分析，找到一组切实可行的方案。

头脑风暴法的缺点：受专家的主观素质条件限制，整理分析要花相当长的时间，甚至会延误决策。

# 第四章　绩效管理与绩效考核

## 第一节　绩效管理

绩效管理是人力资源管理过程中最重要的环节之一，也是组织强有力的管理手段之一。员工工作的好坏、绩效的高低直接影响企业的整体绩效。因此，只有通过绩效管理，确认员工的工作成就，才能整体提高工作效率和效益，进而实现组织目标。建立员工绩效管理制度，设计出行之有效的绩效管理体系，是合理利用和开发人力资源的重要措施。现代绩效管理指标体系的设置和管理方法多种多样，只有根据自身的实际情况采用最合适的指标和方法，才能实现最有效的绩效管理。

### 一、绩效的含义和特点

#### （一）绩效的含义

绩效具有丰富的含义，一般来说，是指一个组织为了达到目的而采取的各种行为的结果，是客观存在，可以为人所辨别确认。绩效又分为组织绩效和员工绩效。组织绩效是组织为了实现一定的目标所完成的各种任务的数量、质量及效率。员工绩效就是员工的工作效果、业绩、贡献。其主要包括完成工作的数量、质量、成本费用，以及为改善组织形象所作出的其他贡献。绩效是员工知识、能力、态度等综合素质的反映，是组织对员工的最终期望。

绩效是对工作行为及工作结果的一种反映，也是员工内在素质和潜能的一种体现。它主要包括以下三个方面。

工作效果：包括工作中取得的数量和质量，主要指工作活动所实现的预定目标的程度。工作效果涉及工作的结果。

工作效率：包括组织效率、管理效率、作业效率等方面。主要指时间、财物、信息、人力及其相互利用的效率。工作效率涉及工作的行为方式。

工作效益：包括工作中所取得的经济效益、社会效益、时间效益等。工作效益主要涉及对组织的贡献。

## （二）绩效的特点

人力资源管理中的绩效指的是员工或部门的绩效，我们主要分析员工绩效。绩效具有多因性、多维性和动态性三大特点。

### 1. 多因性

绩效的多因性是指绩效的优劣不仅仅受某一个因素的作用，而是受到多种因素的共同影响，是员工个人因素和工作环境共同作用的结果。绩效的相关因素，对正确设计和实施绩效管理有着重要的作用，这些因素主要包括员工的工作技能、员工的知识水平、员工的工作态度和工作环境等。

员工的工作技能：工作技能指的是员工的技巧和能力，具有较高技能的员工往往取得卓越的工作成绩。员工的工作技能取决于员工的知识水平、智力、工作经历和受教育程度。在一个组织中，员工的技能一般参差不齐、千差万别。

员工的知识水平：员工的知识水平与其绩效的优劣息息相关，在其他条件相同的情况下，有较高知识水平的员工通常能取得较好的工作绩效。

员工的工作态度：员工的工作态度是指员工的工作积极性和工作热情，体现为员工在工作过程中主观能动性的发挥。工作积极热情的员工一般能取得较好的工作绩效。员工的工作态度取决于主观和客观两方面的因素。主观方面的因素有员工的需要、兴趣、受教育程度和价值观等。客观方面的因素有组织内人际关系、工作本身的挑战性、组织文化和竞争环境等。

工作环境：环境包括组织内外环境。组织内的环境由工作条件、企业文化和人际关系等构成。组织外的环境包括组织所处的社会风气、政治形势和经济形势。

多因性的另一个说法，绩效的优劣受主客观多种因素影响，即员工的激励、技能、环境与机会，前两者是员工自身的主观影响因素，后两者是客观性影响因素。

### 2. 多维性

员工的工作绩效可以从多方面或多角度表现出来，工作绩效是工作态度、工作能力和工作结果的综合反映。员工的工作态度取决于其对工作的认知态度及为此付出的努力程度，是工作能力转换为工作结果的媒介，直接影响工作结果的形成。员工的工作能力是绩效的本质来源，没有工作能力就无所谓工作绩效。工作能力主要体现在常识、知识、技能、技术和工作经验等几个方面。工作结果以工作数量、质量、消耗的原材料、能源的多少等形式表现出来。绩效的多维性决定企业管理者在考评员工时必须从多个侧面进行考评才能对绩效作出合理的评价。

### 3. 动态性

绩效的动态性是指绩效处于动态的变化过程中，不同时期员工的绩效有可能截然不同。我们经常会遇到这样的情况，绩效差的员工经过积极的教育、引导和适当的激励后，会努力工作取得较好的工作绩效；而工作绩效较好的员工由于未受到适当的激励，会出现不再努力工作，使工作绩效变得较差等现象。绩效的动态性特点要求企业管理者运用发展和一分为二的观点为员工进行绩效考评。

## 二、绩效管理的含义及目的

### （一）绩效管理的含义

绩效管理是根据管理者与员工之间达成的一致协议来实施管理的一个动态的沟通过程，以激励员工业绩持续改进并最终实现组织战略及个人目标，是为了实现一系列中长期的组织目标而对员工绩效进行的管理。随着人们对人力资源管理理论和实践研究的逐步重视，绩效管理在组织中达到了前所未有的高度。对大多数组织而言，绩效管理的首要目标是绩效考评。但是，在这些组织中，实施绩效考评的效果并不理想，员工的工作积极性并未被充分激发，企业的绩效也没有得到明显的改善等这些问题仍然存在。其原因在于，人们往往知道绩效考评并不知道绩效管理，但两者并不相等，人们在强调绩效考评的同时，往往忽视了绩效管理的全过程。

所谓绩效管理，就是为了更有效地实现组织目标，由专门的绩效管理人员运用人力资源管理的知识、技术和方法与员工一起进行绩效计划、绩效沟通、绩效考评、绩效反馈与改进、绩效结果应用等基本工作。

绩效管理的主体是掌握人力资源知识、专门技术和手段的绩效管理人员和员工。绩效管理由掌握专门知识技能的绩效管理者推动，然后落实到员工身上，最终由每一位员工的具体实践操作实现。可以看出，绩效管理的主体不仅是绩效管理人员，还包括每一位参与绩效管理的员工。

绩效管理的核心是提高组织绩效。绩效管理围绕如何提高组织绩效这个核心展开，其中所涉及的任何具体措施都是为了持续改进组织绩效服务的。绩效管理"对事不对人"，以工作表现为中心，考察个人与组织目标达成相关的部分。

绩效管理是一个包括多阶段、多项目标的综合过程。绩效管理是一套完整的"P–D–C–A"循环体系，所谓"P–D–C–A"循环，即计划（Plan）、实施（Do）、检查（Check）、调整（Adjust）的循环。

绩效管理是以目标为导向，将企业要达到的战略目标层次分解，通过对员工的工作表现和业绩进行诊断分析，改善员工在组织中的行为，通过充分发挥员工的潜能和积极性，提高工作绩效，更好地实现企业各项目标。绩效管理更突出的是过程管理，它以改善行为为基础，通过有计划的双向沟通的培训辅导，提高员工绩效，最终实现提高部门绩效和企业整体绩效的目标。绩效管理对企业来说，是一项管理制度；对管理者个人来说，则是管理技能和管理理念。在进行绩效管理的企业中，绩效管理是贯穿各级管理者管理工作始终的一项基本活动。

## （二）绩效管理的目的

各个组织根据自身的不同情况运用绩效管理系统时会侧重于不同的目的。

1. 了解员工的工作绩效

员工希望了解自己的工作成绩，希望知道如何提高自己的工作绩效，并以此来提高自己的薪酬水平和获得晋升的机会。因此，绩效管理的结果可以向员工反馈其工作绩效水平高低，使员工了解自己工作中的不足之处，帮助员工改进，从而提高整个组织的绩效。企业管理者通过绩效管理指出员工存在问题的同时，能够发现培训需求，进而有针对性地对员工进行培训，帮助员工提高工作知识、技能，以及在人际关系、计划、监督等方面的能力（针对管理人员），促进员工的发展。因此，绩效管理是培训方案设计和实施的基础。

2. 绩效管理的信息可以为组织的奖惩系统提供标准

在组织的多项管理决策中都要使用管理信息（特别是绩效考评信息）。绩效考评能够使不同岗位上员工的工作绩效得到合理的比较，从而使组织在进行薪酬决策、晋升决策、奖惩决策、保留 / 解聘等决策时做到公平合理，使整个激励体系真正起到应有的作用。

3. 使员工的工作和组织的目标结合起来

工作绩效管理有利于发现组织中存在的问题，绩效考评的信息可以被用来确定员工和团队的工作与组织目标之间的关系，当各种工作行为与组织目标发生偏离时，及时采取措施进行调整，确保组织目标的实现。

4. 促进组织内部信息沟通和企业文化建设

绩效管理非常注重员工的参与性。从绩效目标的制定、绩效计划的形成、实行计划中的信息反馈和指导到绩效考评、对考评结果的应用，以及提出新的绩效目标等都需要员工的参与，满足员工的尊重需要和自我实现的需要，为组织创造一个良好的氛围。因此，绩效管理对于创建民主的、参与性的企业文化是非常重要的。

需要指出的是，无论绩效管理系统有多完美，都只有最终被它所影响的人接受才能够发挥作用。

## 三、绩效管理的作用

绩效管理是组织实现其战略目标的有效工具之一，也是人力资源管理其他职能的基本依据和基础。有效的绩效管理可以给我们的日常管理工作带来巨大的好处。绩效管理的作用主要表现在以下几个方面。

## （一）绩效管理对管理人员的作用

就各级管理人员而言，他们面临许多管理问题。例如，他们常常因为事物的冗繁和时间管理的不善而烦恼；员工对自己的工作缺乏了解，工作缺乏主动性；员工对应该做什么和应该对什么负责有异议；员工给主管提供的重要信息太少；发现问题太晚以致无法阻止其扩大；员工犯相同的错误；等等。尽管绩效管理不能直接解决所有的问题，但它为处理好其中大部分管理问题提供了一个工具。只有管理者投入一定的时间并和员工形成良好的合作关系，绩效管理才可以为管理者的工作带来极大的便利。

其主要内容包括：①上级主管不必介入所有的具体事务。②通过赋予员工必要的知识来帮助他们合理进行自我决策。员工可以知道上级希望他们做什么，自己可以做什么，必须把工作做到什么程度，何时向何人寻求帮助等，从而为管理者节省时间。③减少员工之间因职责不明而产生的误解。④减少持续出现上级主管需要信息时没有信息的局面。⑤通过帮助员工找到错误和低效率的原因来减少错误和偏差。

## （二）绩效管理对员工的作用

员工在工作中会产生诸多烦恼：不了解自己的工作做得好还是不好，不知道自己有什么权力，工作完成很好时没有得到认可，没有机会学习新技能，自己不能做决策，缺乏完成工作所需要的资源等。

绩效管理要求有效开展绩效沟通和指导，能使员工得到有关他们工作业绩和工作现状的反馈；并且由于绩效管理能帮助员工提升日常决策的能力，因而能够大大提高工作效率。

## （三）绩效管理对企业的作用

一项调查显示，员工感觉企业需要改进的方面主要集中在：奖惩没有客观依据，晋升有失公平；缺乏足够有效的专业培训和指导；重负面批评和惩罚，轻正面鼓励和奖励；日常工作中缺乏上下级之间的有效授权等。

绩效管理提出员工参与制订绩效计划，强化了员工对绩效目标的认同度，在日常工作中通过绩效实施提供有效的工作指导，找出工作的优点和差距，有效制订绩效改进计划和措施，有利于企业业绩的改善和企业目标的实现。同时，绩效管理流程中基于企业战略目标的绩效计划制订、具备核心能力的员工发现和评价等措施有助于企业核心竞争力的构建，有利于企业的持续发展。

## 四、影响绩效管理的因素

一个组织在整个绩效管理的过程中，要达到组织的预期目的，实现组织的最终目标，往往受到多种因素的影响，作为一个管理者，只有充分认识到各种影响因素给组织绩效所带来的影响及程度，才能够做好绩效管理工作。一般来讲，影响组织绩效管理有效性的因素有以下内容。

### （一）观念

管理者对绩效管理的认识是影响绩效管理效果的重要因素。如果管理者能够深刻理解绩效管理的最终目的，更具前瞻性地看待问题，并在绩效管理的过程中有效地运用最新的绩效管理理念，便可以很好地推动绩效管理的有效实施。

### （二）高层领导支持的程度

绩效管理作为人力资源管理的重要组成部分，是实现组织整体战略管理的重要手段。要想有效地进行绩效管理，必须得到高层领导的支持。高层领导对待绩效管理的态度决定了绩效管理的效果。如果一个组织的领导能大力支持绩效管理工作，并给予绩效管理工作人员必要的物质和精神支持，就会使绩效管理水平得到有效的提升；否则，一个组织的绩效管理水平和效果将是十分低下的。

### （三）人力资源管理部门的尽职程度

人力资源部门在绩效管理的过程中扮演着组织协调者和推动者的角

色。绩效管理是人力资源管理工作中的重要组成部分，如果人力资源管理部门能够对绩效管理大力投入，加强对绩效管理的宣传，组织必要的绩效管理培训，完善绩效管理的流程，就可以为绩效管理的有效实施提供有力保证。

### （四）各层员工对绩效管理的态度

员工对绩效管理的态度直接影响绩效管理的实施效果。如果员工认识到绩效管理的最终目的能使他们改进绩效而不是单纯的奖罚，那么绩效管理就能很好地发挥功效。反之，如果员工认为绩效管理仅仅是填写各种表格应付上级或对绩效管理存在着严重的抵触情绪，那么绩效管理就很难落到实处。

### （五）绩效管理与组织战略的相关性

个人绩效、部门绩效应当与组织的战略目标相一致。只有个人绩效和部门绩效都得到实现的同时，组织战略才能够得到有效的执行。这就要求组织管理者在制定各个部门的目标时，不仅要考虑部门的利益，也要考虑组织的整体利益，只有做到个人、部门和组织整体的目标相一致，才能确保组织的绩效管理卓有成效。

### （六）绩效目标的设定

一个好的绩效目标要满足具体、可衡量、可实现及与工作相关等要求。只有这样，组织目标和部门目标才能得到有效的执行，绩效考核的结果才能够公正、客观和具有说服力。

### （七）绩效指标的设置

每个绩效指标对于组织和员工而言，都是战略和文化的引导，是工作的方向，因此，清晰明确、重点突出的指标非常重要。好的绩效指标可以确保绩效考核重点突出，与组织战略目标精确匹配，便于绩效管理的实施。

### （八）绩效管理系统的时效性

绩效管理系统不是一成不变的，它需要根据组织内部、外部的变化进行适当调整。当组织的战略目标、经营计划发生改变时，组织的绩效管理系统也要相应地发生变化，以保证其不偏离组织战略发展的主航道，对员工造成错误的引导。

# 第二节　绩效考核

## 一、绩效考核的含义与作用

### （一）绩效考核的含义

绩效考核，又称员工考核、人事考评、绩效评价等，它是指对员工或工作人员的工作行为和结果进行的系统评价，是一种正式的工作人员考评制度。对基层人员，绩效考核通常采用结果趋向性考评；对工作人员的实际工作结果进行业绩鉴定，就是考核工作人员的实际工作绩效。通过绩效考核，可以知晓员工的实际能力和不足，了解与组织的期望和目标的差距，有利于员工改进工作和提高工作效率。

绩效考核是评估工作人员在某一个约定时期内对组织作出成绩过程的评价。有效实施绩效考核的前提就是对绩效考核有一个清楚、全面的认识。

#### 1.绩效考核的含义

对于绩效考核的定义,说法有很多,有几种比较经典的描述:绩效考核是对组织中成员的贡献进行排序;为客观地了解员工的能力、工作状态和适应性,对员工的个性、资质、习惯和态度,以及对组织的相对价值进行有组织的、实事求是的考评,它是考评的程序、规范、方法的总和;对员工现任职务状况的出色程度以及担任更高一级职务的潜力进行有组织的、定期的并且是尽可能客观的考评;人事管理系统的组成部分,由考核者对被考核者的日常职务行为进行观察、记录,并在事实的基础上,按照一定的目的进行的考评,以达到培养、开发和利用组织成员能力的目的;定期考评和考察个人或工作团队工作业绩的一种正式制度。

综上所述，绩效考核的含义简单地说，是指用系统的方法、原理来评定、测量员工在职务上的工作行为和工作效果。具体地说，绩效考核是完成战略性目标的一种结构化方法，是衡量组织成员是否完成目标的手段。这一过程包括由战略目标驱动并与业务流程相联系的组织、部门和个体的绩效考核。

2. 绩效考核的特点

深入理解绩效考核，需要知晓绩效考核的一些特点。

绩效考核是人事管理系统的组成部分。绩效考核是一种正式的员工考核制度，是人事管理系统不可或缺的正式制度，它通过系统的方法、原理来评定和测量员工在职务上的工作行为和工作成果。绩效考核是企业管理者与员工之间的一项管理沟通活动，其结果可直接影响薪酬的调整。

绩效考核本身是一种绩效控制的手段。通过考核了解和检验员工的绩效以及组织的绩效，并通过结果的反馈实现员工绩效的提升和组织管理的改善；同时，它也是对员工业绩的评定与认可，因此其具有激励功能，能使员工体验到成就感、自豪感，从而增强其工作满意度。另外，考核的结果还可用于确定员工的晋升、奖惩和各种利益的分配，提高工作效率，改善绩效。

绩效考核过程是战略目标的衡量。绩效考核就是企业管理者期望企业、部门和员工个体产生的行为表现及结果，从而对企业、部门和员工个体产生的行为表现及结果的分解表达过程，就是绩效考核中最富有技术挑战性的课题。

绩效考核能评价员工与组织要求的差距，是衡量、评价组织成员的程序、规范、方法的总和。绩效考核应客观反映组织、部门和员工个体产生的行为表现及结果，判断其是否符合组织期望。

绩效考核是和一定目的紧密联系的管理活动。绩效考核总是按照一定的目的进行评价，绩效考核的结果可以直接影响员工的薪酬调整、奖金发放及职务升降等诸多利益，有助于提升员工和组织的绩效。

## （二）绩效考核的目的

绩效考核是人力资源开发与管理的重要环节，是其他环节（如奖惩、培训、辞退、职务任用和升降等）正确实施的基础与依据。

美国组织行为学家约翰·伊凡斯维奇认为，绩效考核可以达到八个方面的目的：为工作人员的晋升、降职、调职和离职提供依据；组织对工作人员绩效考核的反馈；对工作人员和团队对组织的贡献进行考评；为工作人员的薪酬决策提供依据；对招聘选择和工作分配的决策进行考评；了解工作人员和团队有关培训和教育的需要；对培训和工作人员职业生涯规划效果进行考评；为工作计划、预算考评和人力资源规划提供信息。

绩效考核本身不是目的，而仅仅是手段，只有通过考评才能检查员工的工作结果与目标的差距，才能通过协调和控制来矫正员工的行为。它是一种衡量、评价、影响员工工作表现的正式系统，以此来揭示员工工作的有效性和其未来工作的潜能，从而使员工、组织乃至社会均受益。

实际上，绩效考核是以充分发挥组织成员的积极性和实现组织目标为目的，对员工的表现进行实事求是的评价，同时考评组织成员的能力和工作适应性等方面的情况。它是人力资源开发与管理中一项重要的基础性工作，旨在通过科学的方法、原理来评定和测量工作人员职务方面的工作行为和工作效能。它一般涉及员工绩效的识别、测评及员工培训开发等方面。

对许多组织来说，如果能有效考核员工的绩效，则不仅能掌握员工对组织的贡献大小，更可在整体上为人力资源的开发和管理提供有价值的考评资料。

组织通过对其员工工作绩效的考评，获得反馈信息，便可据此制定相应的人事决策与措施，调整和改进组织效能。建立组织员工考评制度，是提高员工队伍素质的需要，是充分调动员工积极性的手段，是组织劳动管理科学化的重要基础。绩效考核也是组织管理者与员工之间的一项管理沟通活动，是员工和领导就绩效问题所进行的双向沟通的一个过程。在这个过程中，领导与员工在沟通的基础上，帮助员工确立绩效发展目标，通过过程的持续沟通，对员工的绩效能力进行辅导，帮助员工不断实现绩效目标。在此基础上，作为一段时间绩效的总结，领导可通过科学的手段和工具对员工的绩效进行考评，确立员工的绩效等级，找出员工工作上的不足，进而制订相应的改进计划，帮助员工朝更高的绩效目标迈进。

## （三）绩效考核的意义

为什么要进行绩效考核？绩效考核重要吗？毋庸置疑，考核具有积极的意义。但绩效考核犹如一把双刃剑，做好了可以激活整个企业；反之，就会产生诸多问题，进而导致许多意想不到的后果。

### 1.绩效考核的积极作用

一个良好的绩效考核系统不仅能够总结员工、团体或组织前一段时期的业绩，更能全方位地促进向上下级、管理层沟通信息。具体来说，其意义主要体现在以下四个方面。

（1）促进上下级沟通

良好的绩效考核不仅能考察、测评员工的实际工作表现，还可通过面谈或其他渠道，将考核结果反馈给员工，并听取其反映、说明和申诉。此时绩效考核可以促进管理层与员工的沟通，了解彼此对对方的期望。

（2）提高员工业绩

良好的绩效考核主要通过两种途径实现这一目标。一是引导员工的行为趋向于组织的目标。优秀的绩效考核往往通过集中关注员工的目标来促进组织目标的实现。这样，考核便使员工知道了组织对他们的期望是什么，使其行为的修正更符合组织的要求。二是优秀的绩效考核给组织提供了一个系统地监督其下属工作绩效的方法。这样的监督能使组织通过承认和奖励员工良好的工作绩效以激励其员工绩效"达标"。当出现不尽如人意的问题时，组织可以帮助员工解决其绩效问题，从而引导员工向前发展。

（3）提高工作满意度

如何提高员工的满意度？员工通常认为，诸如加薪和升职的奖励应以功劳和过去的绩效为标准。当使用一些未经深思熟虑的考核或其他依据时，员工会很不满意，很可能会转到其他组织寻求发展，这就增加了组织职位的流动性，给组织业务带来负面影响。

从这个意义上来说，优秀的绩效考核可以降低流动性，因为员工会更愿意留在一个他们认为公平、进步和有朝气的氛围中工作，而有效的绩效考核将有助于营造这种氛围。

（4）能为适当的人力资源开发与管理提供决策

绩效考核系统能够为制定人力资源开发与管理决策提供信息。事实也证明，以准确考核为基础的薪资决策能够通过鼓舞员工的士气来提高组织业绩。

2. 绩效考核的消极作用

不理想的绩效考核不仅会浪费时间和资源，而且还会影响企业管理层的可信度，影响企业的文化氛围，特别是不公平的方法会使管理者和员工、职能部门和业务部门处于对立地位，会严重挫伤各级员工的工作积极性和士气。因此，好的方法能解决问题，差的方法则会制造问题。

缺乏有效的绩效管理会给组织和员工都带来很多烦恼：管理者会觉得时间不够用，无法进行过细的管理；员工则会觉得对自己的工作缺乏了解，工作显得不够积极主动；员工对谁应该做什么和谁应该对什么负责会有异议；若员工给组织提供的重要信息太少，或问题发现太晚，员工就会重复犯相同的错误。

有效的绩效管理会给组织的日常管理工作带来巨大的好处。尽管绩效管理不能直接解决所有问题，但它为组织处理好大部分管理问题提供了解决的手段。如果绩效管理运用得当，对每个方面，包括员工、上级主管和组织都会有很大的帮助。只要管理者投入一定的时间，和员工形成良好的合作关系，绩效管理就可以达到预期的目标。

## 二、绩效考核的流程与原则

在实际工作中，人们经常会忽视绩效考核的真正价值，总认为考核就是为了发奖金，考核就是"走流程"，结果只是领导和本人对过去所做过的工作打打分，高分者可以多拿些奖金。这种认识会造成领导和员工都讨厌考核，根本起不了什么激励作用。

### （一）绩效考核的流程

我们经常会遇到这样一些考核流程：①领导要求考核；②人力资源

部门制定考核方案，并做考核解释；③员工个人总结；④上级主管给下级员工打分；⑤兑现奖金；⑥人力资源部门归档。

为什么会出现这种考核流程呢？关键在于企业管理者和员工存在两个方面的误解。

一是认为绩效考核只是打分或评级。实际上，绩效考核固然需要打分或评级，但如果绩效考核简化成"事后的评判"，简单地打分或评级，其价值就会遭到质疑。

二是认为绩效考核是独立存在的，或为考核而考核。实际上，绩效考核只是组织管理的一个环节，它需要有其他相关工作做基础。

正确的绩效考核流程一般包括以下十大步骤。

## 1. 取得高层支持

绩效管理是组织管理的一个重要改革措施，仅凭人力资源部门不足以推动整个组织的绩效管理的实施。因此，取得高层管理者的认同和支持尤为重要。

人力资源管理部门的员工首先应主动与高层管理者探讨绩效管理的理论、方法、意义和作用，说服高层管理者支持绩效考核，这样就能在高层管理者的支持和主持下进行实践推动。当然，每一个环节都要向高层管理者汇报，并通过高层管理者的意志将其传达下去，使绩效管理的每个环节都落到实处，收到效果。

## 2. 制订考评计划

为了保证绩效考核顺利进行，必须事先制订完善的实施计划，这就需要管理者在明确考评目标的前提下，有目的地选择考评对象内容、时间等。

## 3. 确定考评标准

绩效考核必须确定标准，以此作为分析和考察员工的尺度。绩效考核的标准一般可分为客观标准和主观标准。客观标准也可称为硬指标，如出勤率、文化程度等以客观现实为依据，不以考评者或员工的个人意志为转移。主观标准也可称为软指标。管理者在选用绩效考核的方法时必须注意，对于不同的对象，必须选用不同的方法。例如，采取"一一相互比较"的方法，此时每个人都是被比较的对象，又都是比较的尺度，这样就会造成"主观标准"在不同群体中的差别。如果对每一个员工单独作出"好"与"不好"的评价，就可能引起混乱。

4. 加强沟通宣传

这一阶段需同时进行两方面的工作，一是要宣传，二是要沟通。

绩效考核的顺利实施离不开广泛的宣传。具体可通过组织的内刊、宣传栏，局域网等媒介手段对绩效考核的标准、方法、意义和作用等进行宣传，制造声势。通过提高领导与员工对绩效管理的感性认识和重视，为绩效考核的推进打下坚实的群众基础，可减少实施的阻力。

沟通是一切管理工作必不可少的手段，也是绩效考核实施的重要手段，持续不断的沟通具有关键性作用。当然，沟通应采取不同的方式，如开放性方式、及时性方式、针对性方式，连续性方式、建设性方式等，如此才会产生效果。

开发性方式就是要真诚、坦率，以"心"交流。一切的沟通都是以真诚、坦率为前提的，都是为了预防问题和解决问题。以"心"交流，坦率地沟通才能尽可能地从对方那里获得信息，进而帮助对方解决问题、提供协助，也能不断提高领导的沟通技能和沟通效率。

及时性方式就是在计划实施之前和实施之中及时沟通。尽可能在问题出现或矛盾发生之前就通过沟通将之消灭于无形中或及时解决处理，所以及时性是沟通的又一个重要原则。

针对性方式就是强调沟通应该具体，并具有针对性。具体事情具体对待，不能泛泛而谈。泛泛的沟通既无效果，也无效率，所以管理者必须珍惜沟通的机会，关注具体问题的探讨和解决。

连续性方式就是强调沟通应该经常而定期地进行。人力资源管理部门要与领导和员工约定好沟通的时间和时间间隔，保持沟通的经常性和连续性。

建设性方式就是强调沟通的结果应该是具有建设性的，能给员工未来绩效的改善和提高提供建设性的建议，帮助员工提高绩效水平。

5. 培训考评人员

培训考评人员是绩效考核的一个重要步骤。好的考评方法和手段必须由高素质的管理者来组织实施，因此对考评人员的培训必不可少。组织要让管理者深刻掌握绩效考核的理念，改变旧的管理观念，掌握绩效考核的流程、方法和技巧，使得每个管理者都掌握绩效考核方法。

6. 实施绩效考核

绩效考核的推行必须由政策保证，因此，在上述工作的基础上，出台相关的政策措施非常必要。

在政策中，可以规定高层管理者、人力资源领导、直线领导和员工各自的绩效责任，规定绩效考核的方法和流程，规定绩效考核结果的运用等，组织可以依据自己的实际情况具体对待。

绩效考核一般在年底举行。员工绩效目标完成得怎么样、组织绩效工作的效果如何，通过绩效考核便可一目了然。

绩效考核也是一个总结提高的过程，总结过去的结果，分析问题的原因，制定相应的对策，便于组织绩效管理的提高和发展。

7. 收集数据信息

收集数据和相关信息，记录员工的绩效表现，形成必要的文档记录。

绩效目标最终要通过绩效考核来衡量，绩效考核必须依据员工工作的期限和过程、员工的绩效来进行，因此有关员工绩效的信息资料的收集就显得特别重要。

在这个环节中，领导要注意观察员工的行为表现并做记录，同时要注意保留与员工沟通的结果记录，必要的时候，请员工签字认可，避免在年终考评的时候出现意见分歧。

形成文档记录的一个最大好处是使绩效考核时不出现意外，使考评的结果有据可查，确保公平、公正。

绩效考核是一项长期、复杂的工作，对于作为考评基础的数据收集工作要求很高。

8. 分析绩效考核

分析绩效考核这一阶段的任务是根据考评的目的、标准和方法，对所收集的数据进行分析、处理、综合。其具体过程如下内容。

划分等级：把每一个考评项目，如出勤、责任心、工作绩效等，按一定的标准划分为不同等级，一般可分为 3 ~ 5 个等级，如优、良、合格、稍差、不合格。

对单一考评项目进行量化：要把不同性质的项目综合在一起，就必须对每个考评项目进行量化，不同等级赋予不同数值，用以反映实际特征。例如，"优"为 10 分，"良"为 8 分，"合格"为 6 分，"稍差"为 4 分，"不合格"为 2 分。

对同一项目的不同考评结果进行综合：在有多人参与的情况下，同一项目的考评结果会不相同。为综合这些意见，可采用算术平均法或加权平均法。仍以五等级为例，3 个人对某员工工作能力的考评分别为 10 分、6 分、2 分。如采用算术平均法，该员工的工作能力应为 6 分；若采用加权平均法，3 人分别为其上司、同事、下属，其考评结果的重要程度不同，可赋予他们不同的权重，如上司定为 50%，同事 30%，下属 20%，则该员工的工作能力为 $10 \times 50\% + 6 \times 30\% + 2 \times 20\% = 7.2$ 分，介于"良"与"合格"之间。

对不同项目的考评结果进行综合。有时为达到某一考评目标要考察多个考评项目，只有把这些不同的考评项目综合在一起，才能得到较全面、客观的结论。一般采用加权平均法，当然，具体权重应根据考评目的、员工的层次和具体职务而定。

9. 绩效诊断和提高

没有完美的绩效管理体系，任何绩效管理都需要不断改善和提高。因此，在绩效考核结束后，应全面审视组织绩效管理的政策、方法、手段及其他的细节并进行诊断，以不断改进和提高组织的绩效管理水平。

10. 绩效结果运用

得出绩效考核的结果不是目的，它并不意味着绩效考核工作的结束。在绩效考核过程中获得的大量有用信息必须反馈和运用到组织的各项管理活动中。其具体要求如下。

向员工反馈考评结果，帮助员工找到问题、明确方向，这对员工改进工作、提高绩效具有促进作用。

为人事决策（如任用、晋级、加薪、奖励等）提供依据。

检查组织管理的各项政策，如员工配置、员工培训等方面是否有失误，还存在哪些问题等。

## （二）绩效考核的原则

要进行绩效考核必须保证公正考评,因此必须掌握绩效考核的原则,这样才能更好地实施考评;否则不仅起不了什么作用,反而会破坏组织的形象,挫伤员工的积极性。

通过什么途径来获得考评者的支持,并能获得客观、公正的考评结果,起到激励和标杆作用,以下五条原则至关重要。

1. 客观、公正原则

考评客观、公正,才能激励员工,才能使考核的结果发挥应有的作用。所谓客观即实事求是,要做到评价客观、自我评价客观;公正即不偏不倚,它要求考评者无论对上司还是对部下,都要公平地进行评价,按照规定的考评标准,一视同仁地进行考评。

2. 科学、简便原则

科学、简便即要求考评从标准确定到考评结果的运用,整个过程设计要符合客观规律,正确运用科学的手段,准确地评价各级各类员工的行为表现。同时,考评的具体操作要简便,以尽可能少的投入,达到尽可能好的考评效果。

3. 注重实绩的原则

注重实绩的原则就是指员工通过主观努力,为社会做出并得到社会承认的劳动成果以及完成工作的数量、质量和效益。它是员工知识、能力、态度等综合素质的反映。在考评过程中,坚持注重实绩原则即要求在对员工做考评结论和决定奖惩时,以其工作实绩为根本依据。

4. 区分能级的原则

区分能级的原则就是在绩效考核中对不同类型和不同能级的员工应有不同的考评标准,目的是区别参加考评者的才能高低和贡献大小,以便发现人才、选拔人才和合理地使用各类人才。坚持多途径、多能级的考评原则,能实现对不同能力的员工授予不同的职称和职权,对不同贡献的员工给予不同的待遇和奖励,做到"职以能授、勋以功授"。

5. 连贯性的原则

连贯性的原则就是对于员工的考察不能看其一时一事,应全面地、历史地看待。要做到全面和准确,则要坚持考评的阶段性和连续性相结合。

### 三、绩效考核的内容

绩效考核的内容，依据员工在多方面情况下的行为而有所不同。考评的内容取决于考评的目的，没有目的的考评是没有价值的。由于绩效考核的对象、目的和范围复杂多样，因此绩效考核的内容也比较复杂。

#### （一）取决于行为表现的绩效考核内容

以员工行为表现的基本方面作为考评内容来进行划分，主要可以分为品行、能力、态度、业绩四个方面。

1. 品行

古今中外，对品行的评价始终是人事考核因素结构中的重要内容。品行即德，是人的精神境界、道德品质和思想追求的综合体现，德决定一个人的行为方向，即为什么而做，行为的强弱决定做的努力程度，行为方式决定采取何种手段达到目的。德的标准不是抽象的、一成不变的，不同时代、不同行业、不同层次对德都有不同的标准。

不对员工进行品德方面的考核，往往会使组织遭受意想不到的损害。一些资深的人力资源经理认为，在创业时期，只求其才，不顾其德，只能是权宜之计；守业阶段，要靠"德"来巩固业绩，聚拢人才，因此必须德才兼备。

当今社会，有专家认为"德"至少包括义、信、勇、谋。具体来讲，"义"就是在取得成绩时保持平静的心态，不过分炫耀；"信"就是讲信用，答应过的事情一定尽全力办到；"勇"则指面对困难毫不畏惧，并且想办法克服困难，取得最后的成功；针对多变的环境，随机应变掌握主动，这就是"谋"。

实际上，在日常的工作过程中，是否尊重别人、善于与其他同事合作，是否尊重事实、知错必改，是否遵纪守法、维护公共利益，能否保守公司的商业秘密，是否言行一致，能否公正地对待下属，是否两袖清风、洁身自爱，等等，这些都是品德的具体表现，都应当是员工品德考核的内容。

2. 能力

"能力"是指人的能力素质，即认识世界和改造世界的能力。能力是完成工作的本领，在实际工作中一般包括动手操作能力、认识能力、思维能力、表达能力、研究能力，组织指挥能力、协调能力、决策能力等。对不同的职位，在考评过程中应各有侧重、区别对待。

能力的高低可用单位时间内完成的工作任务量来表示。但有些人在企业中工作得非常好，可能是因为他们所从事的职务工作十分简单；相反，另一些人在企业中干得十分吃力，工作完成得不那么出色，也许是因为他们所担当的工作任务很艰巨。不能因此就认为前者对企业的贡献大，后者对企业的贡献小，这样的评价是不公平的。

因此，员工能力不同，其所担当的工作的重要性、复杂性和困难程度不同，贡献也就不同。

对一个组织来说，不仅要追求现实的效率，还要追求未来可能的效率，希望把一些有能力的人提升到更重要的岗位，希望使现有岗位上的人能发挥其能力。所以，能力考核不仅仅是一种公平评价的手段，而且也是充分利用企业人力资源的一种手段。

能力与业绩有显著的差异，业绩是外在的，是可以把握的，而能力是内在的，难以衡量和比较。这是事实，也是能力考核的难点。

3. 态度

工作态度可通过"勤"来反映。它主要体现在员工的日常工作表现中，如工作的积极性、主动性、创造性、努力程度以及出勤率。对"勤"的考评不仅要有对量的衡量，如缺席率、出勤率，而且要有对质的考评，即员工是否以满腔的热情积极、主动地投入工作。

能力越强，业绩就可能越好。可是有一种现象使我们无法把两者等同起来，就是在企业中经常可以见到的现象：一个人能力很强，但出工不出力；而另一个人能力不强，却兢兢业业，干得很不错。两种不同的工作态度，就产生了截然不同的工作结果，这与员工的能力无直接关系，主要与其工作态度有关。所以，组织需要对员工的"工作态度"进行考核。

4. 业绩

"业绩"是指员工的工作成绩与效果，包括完成工作的数量、质量以及带来的经济效益。责任不同的人，其工作绩效的考评重点也有侧重。

对"绩"的考评是对员工绩效考核的重点。

企业只有创造一定的利润，才能继续生存和发展；而对于员工来讲，其工作业绩直接影响他们的工资水平和生活质量。因此，无论是企业还是员工，都应该重视业绩。

### （二）取决于岗位分析的绩效考核内容

为了使绩效考核更具有可靠性和可操作性，在对岗位的工作内容分析的基础上，根据组织的管理特点和实际情况，对考评内容可进行以下分类。

1. 工作成绩

"工作成绩"是指在考评期内员工的关键工作成绩，往往列举 1～3 项最关键的即可，由任务布置者进行考评，如对于开发人员可以是考评期的开发任务，销售人员可以是考评期的销售绩效。"重要任务"考评具有目标管理考评的性质。对于没有关键工作的员工（如清洁工），则不进行"重要任务"的考评。

2. 日常工作

"日常工作"的考评一般以岗位职责范围内的内容为准，由直接上级主管进行考评。如果岗位职责的内容过于繁杂，可以仅选取重要项目进行考评。它具有考评工作过程的性质。

3. 工作态度

"工作态度"的考评可选取能够对工作产生影响的个人态度，如对组织文化的认知与认同、工作热情、礼貌程度等，可由部门内部同事或被服务者主持。对于不同岗位的考评有不同的侧重，比如，"工作热情"是行政工作人员的一个重要指标，而"工作细致"是财务人员一个重要指标。

4. 工作能力

"工作能力"的考评可选取能够对工作产生影响的个人能力，如选取对协作精神、工作技能，潜能等具体项目进行考评，也可由部门内部同事或被服务者主持。

# 第五章　人力资源规划

## 第一节　人力资源规划概述

从本质上说，人力资源规划是一种针对人力资源的计划过程。它经历了几十年的发展过程，其含义从一个仅仅针对人员配置需求的狭义过程发展成为一个阐明比较广泛的、与人有关的企业问题的过程。

### 一、人力资源规划的含义

20 世纪初，人力资源规划的关注点主要是实行计件工资的工人，通过改进工作过程和运用早期工业心理学的方法达到改进工作效率的目的。第二次世界大战后，人们更关心如何获取有能力的管理人员。20 世纪六七十年代，技术进步和企业的快速扩展使人力资源规划转向人才的供需平衡，如在当时的美国，30 ~ 40 岁的男性以及特殊工程与科学技术人才短缺，因此，管理人才、专业技术人才的供需平衡成为规划的重点。这一时期，人力资源规划被定义为管理人员的一种工作：通过制定规划，努力让适当数量和适当种类的人，在适当的时间和适当的地点，从事使组织与个人双方获得最大的长期利益的工作。在这个过程中，过去是规划未来的基础，人力资源规划仅仅作为一项战术计划来被制订和执行。20 世纪 80 年代后，人力资源规划被广泛作为大企业和政府组织的一种活动，在内涵上扩大了范围，不再仅限于供需平衡和数量预测，而是扩展为上与战略计划相联系、下与行动方案相结合的更广泛的过程。

20 世纪 90 年代以来，西方发达国家的企业管理者和研究人员发现，在影响组织目标实现的诸多因素中，人力资源是最为重要的。企业在招聘员工时，并不能够招聘到自己所需的员工，有些关键岗位由于长期找不到合适的人选而空缺。谁能在激烈的竞争中获胜，谁就能在市场竞争中占有优势。因此，战略性人力资源管理的研究认为，人力资源规划应当是通过人员管理获得和保持竞争优势机会的计划，是管理人员对正在出现的问题作出的反应。在以往的理论中，人力资源仅仅被当作实现战略目标的手段，而不是一个简单的组成部分。在决定战略方向时，仅从战略方案推出人力资源规划方案，没有考虑两者相互的作用和影响，从而在很大程度上限制了人力资源可能对企业竞争力作出的贡献。人力资源规划的角色应当不仅仅是在既定的企业目标下的一项战术计划，它还必须充分考虑人力资源环境的影响，并且从人力资源环境的角度影响企业目标的制定。进入 21 世纪以来，随着经济全球化和跨国企业的发展，不同国家之间文化的碰撞与融合使得人力资源规划中的跨文化因素越来越受到关注，多元文化背景下的跨国企业人力资源规划需要考虑国际环境和文化战略等的影响因素。

综合以上内容，人力资源规划的含义是：它是预测未来的组织任务和环境对组织的要求，即根据组织任务和环境对组织的要求制定人力资源管理的行动方针的过程。

从这个定义我们可以看出：①人力资源规划应当可以预见未来人力资源管理的需要。组织的外部环境处于不断的变化之中，这将使组织的战略目标也处于不断的变化和调整之中。人力资源规划就是要在未来环境和组织目标可能发生变化的前提下进行预测分析，对组织的需要进行识别和应答。把握环境和战略目标对组织的要求，以确保组织长期、中期和短期的人力资源需求，使组织能够更快地学习并对环境作出反应，从而增强竞争优势。②人力资源规划是以组织的战略目标为基础的，当组织战略目标发生变化时，人力资源规划也随之发生变化。③一个组织需要通过人力资源规划来确定行动方针，制定新的政策、系统和方案，以指导人力资源管理的政策和实践，使人力资源管理在变化的条件下保持有效性和一致性。④人力资源规划是管理循环中的一个过程。规划为组织实施和评价控制提供目标和依据，同时通过反馈进行修正。

## 二、人力资源规划的特点

### （一）动态性

人力资源规划的本质在于对企业人员的需求和供给进行动态的预测和决策。它以组织的战略目标为基础，如果组织的战略目标发生改变，人力资源规划也要随之变化，表现出动态性。对于企业来讲，也就是意味着人力资源规划要能够预测企业长期的人力资源需求和内外部的供给，确保企业在规划期内在重要的岗位上获得所需的合适人员，实现企业的发展战略，同时满足员工个人发展的要求。面对日新月异的信息和技术革命、复杂多变的市场需求，企业必须适时调整经营理念和管理措施，改变对于人力资源规划的一些旧观念，不能再把人力资源规划理解为简单、静态的信息收集和相关的人力资源政策的设定，而应该把人力资源规划看作一个动态的过程加以关注。

### （二）系统性

作为一种战略规划，人力资源规划所考察的对象是企业中最重要的资源，涉及企业经营的各个方面，是一个紧密联系的复杂系统，具有系统性的特点。为了企业良性运转，必须使企业以人力资源为中心的各项工作处于相互协调的状态中，同时人力资源规划必须与企业的经营战略保持一致，一方面要为企业的整体战略服务，另一方面要与企业各个层次的经营计划相互协调、保持平衡。因此，系统性是人力资源规划的重要特点。从系统论角度看，系统性的特点要求人力资源部门要能够统筹全局，综合分析，提出科学的规划思路。要考虑全方位、整体性，从各个层面、各个维度考察在企业全面管理中的人力资源管理，立足全局，着眼于长远发展，摆脱各种落后观念的束缚，制订出驾驭整体和指导全局的系统性人力资源规划。

### （三）超前性

规划的性质本身就决定了它的超前性，人力资源规划也是这样一种超前性规划。它为企业将来的人力资源管理活动指明了方向，提供了指导。企业如果希望取得人力资源管理上的成功，则需要通过人力资源规划来帮助确定其人力资源管理政策、系统和实践。作为超前性规划，人力资源规划需要把握未来，预见趋势，未雨绸缪，超前决策，在外部变化到来之前，预计可能出现的各种情况并得出权变的对策。为了实现超前性规划，人力资源规划者必须依靠团队智慧对未来发展趋势和规律进行科学把握，而不能仅凭个人经验和直觉。尤其对中长期人力资源规划来说，涉及时间较长，可变因素很多，不确定因素很多，而中长期人力资源规划的作用和影响也比短期人力资源规划的作用深远。这就需要企业人力资源管理者加强超前性战略思考和做好可行性论证，对可能出现的问题、后果和对策进行充分估计。

### （四）独特性

不同企业应该根据自身特点制订符合自身发展需求的人力资源规划，也就是要有独特性。具有独特性的人力资源规划要满足各自企业不同发展战略产生的独特需要，尤其要满足企业内不同层次、不同个性员工的需要，要满足员工独特的物质利益和精神需要。面临激烈的市场竞争，每个企业只有打造出符合自身独特优势的人力资源规划和人力资源管理策略，才能应对挑战并实现自己的战略目标，才能在市场竞争中拥有坚实的人力资源基础，强化员工的心理契约，获取和保持长期的竞争优势。

## 三、人力资源规划的分类

企业人力资源规划的种类繁多，根据不同标准可划分出人力资源规划的不同种类。总体来讲，大致可以从规划时间、规划范围和规划性质上来划分，企业可以根据实际需要灵活选择。

### （一）按规划时间分类

从规划的时间上，人力资源规划可分为三种：短期规划一般为6个月至1年；长期规划为3年；中期规划介于二者之间。企业人力资源规划的期限长短，主要取决于企业环境的确定性、稳定性，以及对人力资源素质高低的要求。如果经营环境不确定、不稳定，企业对人力资源的素质要求不高，可以随时从劳动力市场补充所需劳动力，那么企业就可以制订短期的人力资源规划；反之，企业就必须制订较长期限的人力资源规划。

国外的实践表明，规模较小的企业不宜拟订详细的人力资源规划，因为其规模小，各种内外环境对其影响大，规划的准确性较差，规划的指导作用往往难以体现。另外，小企业规划成本较高也是其缺少适应性的原因之一。

### （二）按规划范围分类

从规划的范围上，企业的人力资源规划可分为企业总体人力资源规划、部门人力资源规划、专项任务或工作的人力资源规划。企业总体人力资源规划是有关计划期内人力资源开发利用的总目标、总政策、实施步骤及总体预算的安排，它与企业的战略直接相关，是实现企业战略目标的人力资源保证；部门人力资源规划为企业总体人力资源规划的目标的细分规划，为企业总体人力资源规划在各个部门的分解，是有关部门的人力资源开发利用的目标、政策、实施步骤及部门预算的安排；专项任务或工作的人力资源规划主要包括人员补充计划、人员使用计划、人才接替计划及提升计划、教育培训计划、薪资计划、劳动关系计划等，是总体规划的展开和具体化。

### （三）按规划性质分类

从规划的性质上，可分为战略性人力资源规划和战术性人力资源规划。前者具有全局性和长远性，通常是人力资源战略的表现形式；后者一般指具体的、短期的以及具有专门针对性的业务计划。

## 四、人力资源规划的目标

概括来讲，人力资源规划的主要目标是为企业人力资源的开发与利用提供战略指导。具体而言，人力资源规划所要实现的目标主要有以下四个方面。

### （一）规划企业未来一段时间的人力发展

人力发展包括人力资源供给预测、人力资源增补及人员培训，这三者相互联系、密不可分。人力资源规划一方面对目前企业人力资源现状进行分析，以了解人事动态；另一方面对企业内外未来人力供需做一些预测，以通盘考虑企业人力资源的增加或减少，据此制订人员增补和培训计划。所以，人力资源规划是企业人力资源发展的基础和保障。

### （二）合理分配人力资源

相当多的企业存在人力资源分配不合理的现象。例如，一些员工承担过多的工作任务，而另一些员工则工作过于简单和轻松。也有一些员工能力有限，不能胜任目前岗位工作，而另一些员工则感到能力有余，未能充分发挥。人力资源规划可改善人力资源分配不均的状况，进而谋求合理化，以使人力资源配合组织的发展需要。

### （三）配合业务和组织发展的需要

业务和组织的发展需要具有不同能力和素质的员工。并且在业务和组织发展的不同时期，对人力资源数量、能力和素质的要求也不同，而人力资源规划可以协助组织适时、适量获得所需的各类人力资源。

### （四）降低用人成本

人力资源规划可对现有的人力资源数量、质量、层次及结构做一些分析，并找出影响人力资源有效运用的瓶颈，充分发挥人力资源效能，降低用人成本。

## 五、人力资源规划的原则

### （一）战略性原则

人力资源规划是企业在一定时期内指导和规范人力资源管理工作的纲领性文件。因此，人力资源规划的制订必须始终贯彻企业战略的思想，从战略高度思考和谋划人力资源队伍发展和人力资源管理工作的全局。这就要求人力资源规划要具有长期的稳定性、科学的预见性和较强的适用性，把人力资源规划建立在对人力资源活动发展规律的正确把握和对企业内外环境发展变化的准确判断基础之上，以使得人力资源规划在执行过程中能最大限度地适应环境变化，及时作出调整。

## （二）系统性原则

系统性原则要求把人力资源规划工作视为一项系统工程来看待，以企业整体目标的优化为目的，同时理清各子系统之间具有的内在联系，协调整个人力资源规划方案中各个组成部分的相互关系，以保证后续人力资源管理各项工作能够顺利进行。因此，企业在制订人力资源规划时，应该将每个具体规划的特性放到大系统的整体中去权衡，从整体着眼，从部分着手，统筹协调，达到整体的最优化。

## （三）服务性原则

人力资源规划本身是人力资源战略的延伸，而人力资源战略又是企业总体发展战略的一部分。因此，人力资源规划不能独立于企业发展战略之外，而是要服从和服务于企业的总体发展要求和总战略，为实现企业既定的目标提供强有力的人力资源保障和支撑。如果说企业发展规划是一级规划，那么人力资源规划就是二级规划。企业要根据企业战略实施的路径和发展的不同阶段，分别制订出相应的人力资源具体规划和对策措施。

## （四）人本性原则

人是管理对象中唯一能动的资源要素，是企业生存和发展的决定性因素。对人管理的成败关乎企业的命运。人本性原则就是要求在人力资源规划的制订和实施过程中，坚持以人为本的理念，在注重企业目标实现的同时，关注员工的全面发展。通过人力资源规划，加强对员工行为的规范、培训、引导和激励，把个人的成长目标和企业的目标统一起来，实现双赢。一要遵循人力资源个体成长规律、群体配置规律和人力资源市场交换规律。二要尊重员工个性，了解员工需求，调动员工积极性。三要激发员工的创造力，发挥员工的作用，实现其个人价值。四要建立良好的企业文化和民主管理的氛围，凝练共同的价值观，提升员工的认同度，增加员工的归属感，使员工与组织得到共同发展。

## （五）动态性原则

面对不断变化的企业内外环境，必须果断放弃陈腐的静态规划观念，将人力资源规划看作一个动态的过程，加以动态性管理。人在不断地成长，企业在不断地发展，因此，人力资源规划也要不断更新观念，不断充实和完善。这就要求人力资源规划的制订要在保证主体稳定的前提下，具有一定的灵活性和可扩展性，只有这样才能不断地促进企业和人的全面进步。

# 第二节　人力资源规划的发展趋势和影响因素

## 一、人力资源规划的发展趋势

20世纪90年代以来，不论在理论界还是在企业界，人们基本上都认同这样的观点，即人力资源是决定企业竞争优势的重要因素，人力资源的重要性日益提高，这就直接促使战略性人力资源管理这一新领域的出现，也促使人力资源规划发生了很大变化，出现了许多新的趋势。美国著名人力资源专家詹姆斯·沃克（James Walker）认为，20世纪90年代以来的人力资源规划已经开始与人力资源战略相联系，并出现如下趋势。

企业正在使人力资源规划更加适合其精简且较短期的人力资源战略。

人力资源战略与规划更加注意关键环节，以确保人力资源战略与规划的实用性和相关性。

人力资源战略与规划更加注意特殊环节的数据分析，更加明确地限定人力资源战略与规划的范围。

企业更加重视将长期人力资源战略与规划中的关键环节转化为行动方案，以便于对其效果进行测量。

近年来，在人力资源管理环境的剧烈变化和知识经济时代的大背景下，人力资源规划在企业战略管理中的重要性日益提高。其发展趋势表现出以下几个特点。

人力资源规划的目标从更加关注企业战略目标的实现转向更加关注员工的发展和利益，以期在更大程度上激励员工的积极性，增强企业的竞争力。在人力资源规划的激励计划、晋升计划、培训计划、职业生涯规划等方面都充分体现了这一规划理念的转变。

人力资源规划越来越趋向短期化。由于人力资源规划所面临的企业内外部经营环境的复杂性、不确定性以及劳动力市场竞争压力的增加，企业的生命周期在缩短，短期人力资源规划在人力资源管理活动中的重要性日益上升，企业越来越重视短期人力资源规划。

人力资源规划将越来越趋向扁平化。传统金字塔状的组织结构是与集权管理体制相适应的，而在目前崇尚分权以适应市场竞争的管理体制之下，各层级之间的联系相对减少，各基层组织之间相对独立，扁平化的组织形式能够有效运作。因此，企业组织结构的发展趋势是越来越扁平化，与之相应的人力资源扁平化规划也开始成为流行趋势。扁平化规划是现代信息技术发展的需要，也是企业快速适应市场变化的需要。

人力资源规划将越来越强调跨文化性。企业文化的核心就是培育一种创新向上的、符合企业实际的企业文化。未来的人力资源规划必须充分重视不同文化之间的融合与渗透，保障企业经营的特色，以及企业经营战略的实现和组织行为的约束力。跨国企业需要特别注重人力资源战略规划与企业文化的结合，从战略角度保证员工的归属感。只有这样，才能使企业的人力资源具有延续性，具有符合企业的人力资源特色。

## 二、影响人力资源规划的关键因素

企业在制订人力资源规划时，不仅要考虑企业自身的发展战略、经营目标与组织结构，同时也要考虑企业经营的外部环境因素。这也是影响和制约企业人力资源规划的关键因素。

### （一）人力资源规划的内部关键因素

1. 企业的战略目标

企业的战略目标对于企业的经营管理活动有决定性的影响和导向作用，任何一项管理活动都应当紧紧围绕企业的战略目标而展开。人力资源规划作为企业的关键管理行为，要想充分发挥其整合资源、优化配置的作用，就必须结合战略目标来制订。

2. 组织结构

企业的组织结构决定了企业内部各部门间及部门内部对工作任务进行分解、组合和协调的方式。组织结构不同，其各个职能部门的设置、运行和相互关系也会不同。这就直接决定了企业在进行人力资源规划时，人员配置计划和人员需求都会有所差异。与此同时，企业的管理费用也会因为组织结构的不同而不同。

3. 企业的发展阶段

企业处于不同发展阶段，对企业人力资源规划的影响也不同。

在创业期，企业通常采用集中战略，因此人力资源规划通常聚焦于招聘、选拔核心的专业技术人员上。

在成长期，企业经常采用一体化战略、加强型战略、多元化经营战略，因此人力资源规划不仅要制定选拔优秀员工的措施，而且要关注不同员工与组织战略与岗位的匹配。

在成熟期，人力资源规划要保证员工队伍的稳定，同时要注重培训与开发，提高人力资源的使用效率，争取在同行业或某一地区保持人力成本优势。

在衰退期，企业裁员与招聘并举。裁员是为了通过提高人均工作量，充分利用人员以进一步降低人力成本。招聘是为企业做好战略转移和人力资源的储备。

## （二）人力资源规划的外部关键因素

1. 劳动力市场

劳动力市场的供给变化会导致劳动力价格的变化，进而直接影响企业的人力资源成本，而且劳动力市场人才的素质也决定了企业对人员的录用结果。因此，企业在制订人力资源规划时，必须考虑劳动力市场的影响。

2. 行业发展状况

当行业发展不景气或发展快速、繁荣时，这个行业的企业也会相应缩小或扩大规模，这就要求企业对其之前制订的人力资源规划进行相应调整。

### 3.政府政策

如果企业的某种经营管理行为是政府政策所提倡和鼓励的，那么此类经营行为就会比较顺利地进行，它所对应的经营目标也会得到较快实现。因此，企业会根据政府政策的变化，相应调整自己的战略方向、业务重心和人力资源政策，从而进一步推动其人力资源规划的变动。

# 第三节　人力资源规划的内容和过程

## 一、人力资源规划的主要内容

人力资源规划包括总体规划和各项业务规划两个层次。其中，总体规划包括人力资源管理制度规划与组织评估调整规划，各项业务规划包括配置与补充规划、教育与培训规划、绩效与薪酬激励规划及人员流动控制规划等方面。

### （一）人力资源总体规划

人力资源管理制度规划是指企业在计划期内对人力资源管理制度建设的程序、制度化管理的内容进行设计。

组织评估调整规划是指根据企业的经营目标与发展战略，通过人力资源管理子系统，及时对组织的结构、人员配备等进行调整和评估。

### （二）人力资源各项业务规划

#### 1.配置与补充规划

配置与补充规划的目的是优化人力资源结构，满足企业人力资源的数量和质量要求，改善人员素质结构及绩效，同时合理填补企业在一定时期内可能出现的岗位空缺，避免因岗位空缺而出现断层。

#### 2.教育与培训规划

教育与培训规划是指通过拟定培训项目，提高企业员工的素质和技能水平，转变员工的工作态度和作风。

3. 绩效与薪酬激励规划

绩效激励规划的目的是提高员工与组织的绩效，增强组织凝聚力，改善企业文化。薪酬激励规划的目的是确保未来的人工成本不超过合理的支付限度并建立一套具有激励力、富有挑战性的薪酬体系，从而调动员工积极性。

4. 人员流动控制规划

人员流动控制规划对于协调员工关系、增进员工沟通、减少投诉和不满具有重要作用，同时有利于降低劳务成本，提高工作效率。

5. 人员晋升规划

人员晋升规划是企业根据组织需要和人员分布状况，来制定员工的提升方案。晋升不仅是实现员工个人利益，也意味着增加工作责任和挑战，它会使员工产生一种能动性，使企业组织获得更大的利益。

6. 员工职业生涯规划

员工职业生涯规划是对员工在企业内的职业发展作出的系统安排。企业通过职业生涯规划，能够把员工个人的职业发展和组织需要结合起来，有利于减少核心人才的流失。

7. 劳动组织规划

劳动组织规划的目的主要是处理劳动纠纷，解决员工矛盾，以建立和谐的员工关系。

8. 劳动卫生与安全生产规划

劳动卫生与安全生产规划主要是防止劳动安全事故的发生，确保劳动者的身体健康。

9. 员工援助计划

员工援助计划主要是使员工从纷繁复杂的个人问题中解脱出来，减轻压力，维护心理健康。

## 二、人力资源规划的过程

企业要有一套科学的人力资源规划，就必须遵循编制人力资源规划的程序。下面介绍人力资源规划的编制过程。

### （一）收集分析信息资料

进行人力资源规划的重要前提就是做好相关资料与信息的收集分析工作，这项工作的好坏直接决定人力资源规划的结果是否准确。因此，企业在进行人力资源规划时，必须对信息、资料进行认真的收集、研究，收集到各种信息资料以后，需要进行信息资料的整理、分析工作，以便于企业全面了解其所处环境、当前状况等，作出正确的判断。

### （二）人力资源现状分析

在人力资源规划中，一旦收集到人力资源的各种信息，就需要对企业现有的人力资源作出正确的分析和适当的评估，这也是人力资源规划中重要的一步。只有在科学分析人力资源现状的基础上，企业才有可能进行科学的人力资源规划。人力资源现状分析包括分析人力资源总体（或队伍）的基本情况（含规模、素质、结构、与组织职责及岗位要求的匹配性）、人力资源管理的基本情况（含体制、机制、制度和效果及经验总结等）、人力资源竞争力情况，并进行对比分析，找出问题及产生问题的原因。对于已经收集到的大量的人力资源数据，区分哪些是影响人力资源发展的战略因素，哪些是无碍大局的零散数据，以及如何来判断这些因素之间的关系和它们影响人力资源发展的机制，就是人力资源现状分析任务。在具体的人力资源现状分析中，企业需要对所有重要岗位上的人员进行客观的评估，评估方法可以采用人员素质测评等方法进行。在这项工作结束之后，企业对核心人力资源就有了全面、准确、深刻的理解，对于配置不合理的人员就可以进行调整。

### （三）预测人力资源需求

在充分掌握信息资料的基础上，选择有效的预测方法，对企业在未来一段时间内的人力资源需求情况进行预测。在整个规划中，这是非常关键的一部分，也是难度很大的一部分，直接决定规划的成败。只有准确地预测需求，才能为采取有效的措施以实现供需平衡奠定基础。

### （四）预测人力资源供给

在充分掌握信息资料的基础上，选择有效的预测方法，从企业内部和外部两个方面，对企业在未来一段时间内的人力资源供给情况进行预测。在进行人力资源供给预测时，要考虑不同因素对人力资源供给的影响，作出科学、准确的预测，为确定人力资源净需求量提供可靠的依据。

### （五）确定当前人员需求

根据人力资源需求与供给的预测，针对企业人力资源实际情况，确定企业在未来某一时期内对人员的需求状况，包括对人力资源数量、结构和素质的需求等内容。这样，不但可以测算出某一时期内人员短缺情况，还可以具体了解到某一岗位上人员的情况，从而为制定有关人力资源政策与措施等后续工作奠定基础。

### （六）制订人力资源战略规划

根据企业的经营战略与目标，结合对企业实际情况的分析，明确对企业人力资源规划的要求，制订企业人力资源战略规划。

### （七）制订人力资源业务规划

在上述步骤的基础上，按照人力资源规划的内容，分别制定相应的配套政策，编制各项业务规划，确定各项具体工作的实施方案。企业人力资源的招聘、培训、激励等职能活动都涉及费用问题，没有良好的费用预算计划，是不可能保证各业务规划的有效实施的。因此，要编制人力资源费用预算计划，形成完整的人力资源规划，制订出具体的人力资源工作方案。

### （八）人力资源规划的实施与控制

在制订人力资源规划之后，还要对人力资源规划加以实施和控制，这就是人力资源规划的实施过程。从一定意义上说，人力资源规划的实施要比人力资源规划的制订更加重要。人力资源规划的实施与控制是以人力资源部门为主要推动力的全企业各个业务部门需要共同完成的任务。有些人力资源规划工作主要是由人力资源部门负责落实，如培训规划、招聘规划、外包规划等，其他部门仅需要配合与支持即可。有些规划的实施与控制的主体是在业务部门，人力资源部门主要是一个推动者与监督者，如员工的职业生涯规划、员工激励计划等都是以业务部门为主要实施者的人力资源规划。

### （九）人力资源规划的评价与修订

人力资源规划的评价工作是在人力资源规划实施一个阶段之后进行的反馈与纠偏工作。依据评价结果进入下一阶段的人力资源规划，这样就可以使人力资源规划进入一个连续不断的循环过程，使人力资源在这一循环过程中得到持续发展。企业管理者通过对所制订的人力资源规划进行评价，可以发现人力资源规划是否与企业经营发展战略相符合，人力资源规划实施后可能带来的后果，人力资源规划的投入与人力资源规划的收益相比较是否合适。企业可以根据人力资源规划的评价结果选择适当的规划，具体实施，并在实施过程中进行控制和修正。

## 三、人力资源规划的功能

### （一）企业战略规划的重要组成部分

人力资源规划是企业整体规划和财务预算的有机组成部分，是企业战略规划的核心内容，在人力资源管理中具有统领与协调作用。人力资源规划是关系企业和员工发展的、长期的、战略性的计划决策，是人力资源战略指导思想和企业战略发展方向的具体体现，为企业的竞争计划和发展提供了坚实的基础。企业根据战略目标、自身人力资源状况和人力资源市场发展状况制订的人力资源规划，可以帮助企业确定未来工作目标，减少不确定性的威胁，降低企业经营活动的风险，而且可以将资源集中到与组织目标相一致的经营活动中，使目标更容易实现。

### （二）实现人力资源管理职能的保证

人力资源规划是人力资源管理各项职能实现的信息基础，可以使企业及时预见未来人力资源的潜在问题，为各种人力资源活动提供准确的信息和依据，从而保证人力资源管理职能在未来变幻莫测的环境下也能有效地运行。例如，对于人力资源的招聘选拔来说，人力资源规划规定了招聘和挑选人力资源的目的、方法和原则；对于人力资源的使用来说，人力资源规划可以改善人力资源分布不均衡状况，控制企业现有结构人员匹配中知识、技能、个性、年龄、性别等方面的种种不合理配置，促进人力资源的合理使用，降低用人成本。可以说，人力资源规划的成败直接关系着人力资源管理工作整体的成败。一个企业如果没有制订一个科学细致的人力资源规划，它在人力资源政策上就有可能出现较严重的问题，人力资源管理职能就得不到充分的实现。

### （三）企业管理的重要依据

在企业管理的过程中，如果不能事先为各个经营阶段提供所需要的人力资源，企业就有可能出现人力资源短缺或者过剩的现象，企业经营战略和企业生产经营活动就有可能受到影响，甚至导致企业经营战略的失败。人力资源规划为各项企业管理活动所需的人力资源的数量、质量和结构提供了依据，并成为人力资源政策的具体体现和制订依据。企业实际的人力资源发展状况受人力资源管理政策的影响极大，而企业的人力资源管理政策应该依据人力资源规划来制订，否则所制订出的人力资源管理政策不仅满足不了企业发展所需要的人力资源，而且还会使企业其他的管理目标难以实现。

### （四）确保企业对人力资源的需求

目前，人力资源已经成为在市场经济条件下决定企业成败的关键因素，企业为了实现自己的经营战略目标，需要在企业实现经营战略目标的每个阶段都拥有与完成企业经营战略目标相适应的人力资源。任何一个希望在市场经济条件下获得生存和发展的企业，为了确保如期满足企业对人力资源的需求，都必须制订正确、必要的人力资源开发政策和措施，也就必须进行科学的人力资源规划工作。人力资源规划的功能就体现在当企业环境的变化给企业带来人力资源供需的动态变化时，人力资源规划可以对这些动态变化进行科学的预测和分析，并通过招聘、晋升、调配、培训和补偿等切实可行的措施，确保企业短期、中期和长期的人力资源需求。

### （五）节省人工成本

从发展趋势看，随着人力资源价值的不断被认可和开发，人工成本在总成本中的比重是不断上升的，而人力资源规划可以通过各种措施节省人工成本。例如，对现有的人力资源结构进行分析，找出影响人力资源有效运用的主要矛盾，实现合理利用人力资源，充分发挥人力资源效能，提高企业劳动效率，等等。人工成本中最大的支出是工资，而影响工资总额的主要因素是企业中的人力资源的配置情况。人力资源的配置情况包括企业中的人员在不同职务、不同级别上的数量状况。一般来说，企业如果不做人力资源规划，其未来的人工成本是难以预计的，而且随着企业规模的扩大，人员数量的增加和职务等级水平的上升，工资水平的上升，人工成本也会增加，这必然会影响企业的利润，甚至可能会超过企业的承受能力，影响企业的长期发展。因此，为了企业的长期利益，人力资源规划需要在预测未来发展的条件下，有计划地调整人力资源配置不平衡的状况，寻求人力资源的合理化配置，把人工成本控制在合理的范围内，从而提高企业的劳动效率。

## （六）调动员工的积极性

优秀的人力资源规划可以极大地调动员工的积极性。通过合理的人员招聘规划、培训规划，可以让员工找到适合自己的岗位，充分发挥自己的潜能。通过晋升和职业生涯规划，员工可以预测自己的发展前景，从而去积极地创造条件努力实现。以人力资源缩减规划为例，也可以看出人力资源规划对于调动员工积极性的作用，因为对于有些被迫或主动离开的员工来说，其表面上看来是因为企业无法提供优厚的待遇或者晋升渠道，但其实这也表明了人力资源规划的不足。因为能提供有竞争力的薪酬和福利来吸引人力资源的企业毕竟是少数。市场上存在缺乏资金、步履维艰的中小企业，它们是无法为员工提供高额薪酬回报，但是仍有些企业能吸引到优秀人力资源并迅速成长，是因为他们充分考虑了员工需求，着力营造企业与员工共同成长的文化氛围，通过规划企业的美好愿景，让员工对未来充满信心和希望，让员工愿意与企业同甘共苦、共同发展。

# 第四节　人力资源规划的基本程序与主要方法

## 一、人力资源规划的基本程序

具体来说，人力资源规划的基本程序主要包括六个步骤。

### （一）理解企业战略与经营目标

进行人力资源规划的第一步就是要确认现阶段的企业战略与经营目标，明确此战略决策对人力资源规划的要求，以及人力资源规划能对企业战略提供的支持。

### （二）人力资源供给预测

1. 内部人力资源供给预测

通过本组织内部现有各种人力资源的认真测算，并对照组织在某一时期内人员流动的情况，即可预测出组织在未来某一时期里可能提供的各种人力资源状况。

（1）现有人员状况分析

对现有人员状况进行分析是人力资源供给预测的基础。现有人员状况分析所要收集的信息包括各人员的年龄、性别、工作简历和教育、技能等方面的资料；目前组织内各个工作岗位所需要的知识和技能以及各个时期中人员变动的情况；雇员的潜力、个人发展目标以及工作兴趣爱好等方面的情况；有关职工技能，包括其技术、知识、教育背景、经验、发明、创造以及发表的学术论文或所获专利等方面的信息资料。

分析现有人员状况时可以根据人力资源信息系统或人员档案所收集的信息，按不同要求，从不同的角度进行分析。例如，分析员工的年龄结构可以发现组织是否存在年龄老化或短期内会出现退休高峰等问题；对员工的工龄结构进行分析有助于了解员工的流失状况和留存状况；对现有人员的技能和工作业绩进行分析便于了解哪些员工具有发展潜力，具有何种发展潜力，是否可能成为管理梯队的成员，未来可能晋升的位置是什么；根据需要对组织的管理人员与非管理人员的比例、技术工人与非技术工人的比例、直接生产人员与间接生产人员的比例、生产人员与行政人员的比例等进行分析，以便了解组织的专业结构、不同人员的比例结构等。

（2）员工流失分析

员工流失是造成组织人员供给不足的重要原因，因此在对人力资源供给进行预测时，员工流失分析是不容忽视的因素。员工流失分析可以借助一系列指标来进行。

员工流失率分析：员工流失率分析的目的在于掌握员工流失的数量，分析员工流失的原因，以便及时采取措施。

$$员工流失率 = 一定时期内（通常为一年）离开组织的员工人数 \div 同一时期平均的员工人数 \times 100\%$$

该指标因计算方便且便于理解，故被现代企业广泛使用，但这一指标有时也容易产生误导。假定某企业有 100 人，该企业一年的员工流失率为 3%，根据员工流失率计算公式预测第二年将有 3 人可能会离开企业，这意味着企业可能会出现 3 个工作空位。但如果仔细分析会发现 3% 的员工流失率是由企业一小部分人员的频繁流失造成的，比如程序员这一岗位一年中 3 人离开企业。虽然流失率仍然是 3%，但实际的工作空位只有一个。因此，在利用员工流失率进行分析时，既要从企业角度计算总的员工流失率，又要按部门、专业、职务、岗位级别等分别计算流失率，这样才有助于了解员工流失的真正情况，分析员工流失的原因。

员工服务年限分析：有些企业在对员工流失情况进行分析后发现，在离开企业的员工中，他们服务年限的分布是不均衡的。通常而言，员工流失的高峰发生在两个阶段，第一阶段发生在员工加入组织的初期。员工在加入组织前对组织有一个期望或一个理想模式，进入组织以后可能会感到现实的组织与他的期望是不一样的，或者他对组织文化或工作不适应，在这种情况下，员工就会很快离开组织。此后会出现一段相对稳定阶段。第二个离职高峰期通常会发生在服务年限 4 年左右。经过几年的工作，员工积累了一定的工作经验，同时他们对原有工作产生了厌烦情绪。如果这个阶段组织不能激发员工新的工作热情，或者员工看不到职业发展机会，就会很快离开。员工服务年限分析既可以为员工流失分析提供补充信息，又可以为员工发展提供有益信息。

员工留存率分析：员工留存率分析也是员工流失分析的一个重要指标。它是计算经过一定时期后仍然留在企业的员工人数占期初员工人数的比率。比如企业期初有 10 名程序员，两年后留在企业的有 7 名，则两年留存率为 70%。五年后仍留在企业的有 4 人，五年留存率为 40%。通过留存率计算，企业可以了解若干年后有多少员工仍留在企业，有多少员工已离开企业。

（3）组织内部员工流动分析

一个企业组织中现有职工的流动可能有这样几种情况：第一，滞留在原来的工作岗位上；第二，平行岗位的流动；第三，在组织内的提升或降职；第四，辞职或被开除出本组织（流出）；第五，退休、工伤或病故。

组织内部的岗位轮换、晋升或降级是管理工作的需要，也是员工发展的需要。因岗位轮换、晋升或降级而导致的组织内部人员的变动往往会产生一系列连锁反应。如企业财务总监退休，财务部的财务经理被提升到财务总监的位置，一位会计师提升为财务经理，等等。由于财务总监一人退休，产生了一系列的岗位空缺：财务总监、财务经理、会计师……组织内部员工的流动既是组织人力资源供给的内部来源，又会产生新的岗位空缺。很多企业通过管理人员梯队计划、退休计划和岗位轮换计划掌握组织内部员工的流动情况，发现工作空缺，为人力资源供给预测提供信息。

2.外部人力资源供给预测

外部人力资源供给主要受两个因素的影响，即全国性因素与地区性因素。

全国性因素主要包括宏观经济状况、国家政策、人口年龄结构、教育水平等。例如，如果国家经济增长强劲，就业机会增多，可能会吸引更多人进入劳动力市场；如果国家实施了鼓励就业的政策，也可能会影响人力资源的供给。此外，一个国家的人口年龄结构和教育水平也会对人力资源供给产生长期影响。

地区性因素则主要包括当地的经济发展水平、产业结构、劳动力市场状况、生活成本等。例如，如果一个地区的经济发展较快，可能会吸引外来人口流入，增加当地的人力资源供给；如果一个地区的产业结构以服务业为主，那么相应的服务行业的人才供给也会增加。此外，当地的劳动力市场状况和生活成本也会影响人力资源的流动和供给。

综上所述，全国性因素和地区性因素从宏观和微观两个层面影响着外部人力资源的供给。企业在进行人力资源规划时，需要综合考虑这些因素，以作出合理的人才招聘和储备决策。

### （三）人力资源需求预测

对人力资源需求的预测和规划可以根据时间的跨度而相应地采用不同的预测方法。如图 5-1 所示，在进行人力资源需求预测时，应该综合考虑企业战略、价值观以及核心竞争力业务需求等因素，同时还要基于员工职业生涯规划进行预测，这样才能保证组织与员工都能长期受益。

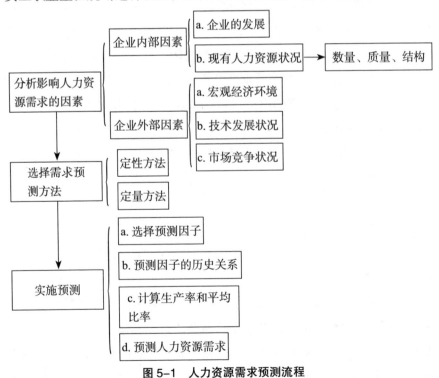

**图 5-1  人力资源需求预测流程**

预测人员需求时，应充分考虑以下因素对人员需求的影响：市场需求，产品、服务质量升级，决定进入新的市场；产品和服务的要求；人力稳定性，如计划内更替、人员流失；培训与教育；为提高生产率而进行的技术和组织管理革新；企业规模的变化；企业经营方向的变化；工作时间；预测活动的变化；各部门可用的财务预算；其他外部因素，如经济环境、技术环境、竞争对手。

### （四）人力资源供需缺口分析

人力资源计划编制的第四步是把组织人力资源需求的预测数，与在同期内组织本身仍可供给的人力资源数进行对比分析。从比较分析中则可测算出对各类人员的所需数。在进行组织在未来某一时期内可提供的人员和相应所需人员的对比分析时，不但可测算出某一时期内人员的短缺或过剩情况，还可以具体地了解某一具体岗位上员工余缺的情况，从而预测出需要具有哪一方面的知识、技术档次的人，这样就可有针对性地物色或培训，并为组织制定有关人力资源相应的政策和措施提供依据。

### （五）制定能满足人力资源需求的政策和措施

1. 解决人员短缺的政策和措施

解决人员短缺的政策和措施主要包括以下五个方面的内容。

（1）外部招聘

外部招聘是最常用的人力短缺的调整方法，当人力资源总量缺乏时，采用此种方法比较有效。但如果企业有内部调整、内部晋升等计划，则应该先实施这些计划，将外部招聘放在最后使用。

（2）内部招聘

内部调整是指当企业出现职务空缺时，优先由企业内部员工调整到该职务的方法。它的优点首先是丰富了员工的工作，提高了员工的工作兴趣和积极性；其次，它还节省了外部招聘成本。利用"内部招聘"的方式可以有效地实施内部调整计划。在人力资源部发布招聘需求时，先在企业内部发布，欢迎企业内部员工积极应聘，任职资格要求和选择程序与外部招聘相同。当企业内部员工应聘成功后，对员工的职务进行正式调整，员工空出的岗位还可以继续进行内部招聘。当内部招聘无人能胜任时，进行外部招聘。

（3）内部晋升

当较高层次的职务出现空缺时，优先提拔企业内部的员工。在许多企业中，内部晋升是员工职业生涯规划的重要内容。对员工的提升是对员工工作的肯定，也是对员工的激励。由于内部员工更加了解企业的情况，会比外部招聘人员更快地适应工作环境，提高了工作效率，同时节省了外部招聘成本。

（4）继任计划

继任计划在国外比较流行。具体做法是：人力资源部门首先对企业的每位管理人员进行详细的调查，并与决策组确定哪些人有权利迁移到更高层次的位置。然后制定相应的"职业计划储备组织评价图"，列出岗位可以替换的人选。当然上述的所有内容均属于企业的机密。

（5）培训计划

对企业现有员工进行必要的培训，使之不仅能适应当前的工作，而且能适应更高层次的工作。这样，就为内部晋升政策的有效实施提供了保障。如果企业即将出现经营转型，那么企业就应该及时对员工进行培训，使其掌握新的工作知识和工作技能，以保证企业在转型后，原有的员工能够符合职务任职资格的要求。这样做的最大好处是能够防止企业产生冗员现象。

除此以外，企业还可以通过重新设计工作的方式提高员工的工作效率，或通过正确的政策和措施调动现有员工的积极性等方式解决人员短缺的问题。

2. 解决人力资源过剩的一般策略

解决人力资源过剩的一般策略包括以下六个方面的内容。

（1）提前退休

企业可以适当地放宽退休的年龄和条件限制，促使更多的员工提前退休。如果将退休的条件修改得足够有吸引力，就会有更多的员工愿意提前退休。

（2）减少人员补充

当出现员工退休、离职等情况时，对空闲的岗位不进行人员补充。

（3）增加无薪假期

当企业出现短期人力过剩的情况时，采取增加无薪假期的方法比较适合。比如规定员工有一个月的无薪假期，在这一个月没有薪水，但下个月可以照常上班。

（4）重新培训

当某些职位上的人员过剩时，可对他们重新进行培训，调往新的岗位，或适当储备一些人员。

（5）减少工作时间

可适当减少员工的工作时间，或由两个或两个以上人员分担一个工作岗位，并相应地减少工资。

（6）裁员

裁员是一种最无奈，但最有效的方式。企业在进行裁员时，首先要制定优厚的裁员政策，比如为被裁减者发放优厚的失业金等；然后再裁减那些主动希望离职的员工；最后裁减工作考评成绩低下的员工。

## （六）评估规划的有效性并及时进行调整、控制和更新

为了给企业人力资源规划提供正确决策的可靠依据，有必要在人力资源规划方案执行之前、之中以及之后都对其效果进行评估。同时，在执行各项政策与措施时，还需要对其实施过程进行监控，并根据环境的变化随时进行调整、控制与更新，以保证人力资源规划方案不至于成为一纸空文，而是真正起到指导作用。

# 二、人力资源规划的主要方法

## （一）人力资源供给预测方法

人力资源供给预测方法主要有人力资源盘点法、替换单法等。

1. 人力资源盘点法

人力资源盘点法，即核查现有人力资源的数量、质量、结构及分布状况。这一部分工作需要结合人力资源管理信息系统和职业分析的有关

信息来进行。如果企业尚未建立人力资源管理信息系统，那么这步工作最好与建立该信息系统同时进行。

盘点的主要信息包括以下内容。

个人自然情况，如姓名、性别、出生日期、身体自然状况和健康状况、婚姻、民族和所参加的党派等；录用资料，包括合同签订时间、候选人征募来源、管理经历、外语种类和水平、特殊技能，以及对企业有潜在价值的爱好或特长；教育资料，包括受教育的程度、专业领域、各类培训证书等；工资资料，包括工资类别、等级、工资额、上次加薪日期，以及对下次加薪日期和量的预测；工作执行评价，包括上次评价时间、评价或成绩报告、历次评价的原始资料等；工作经历，包括以往的工作单位和部门、学徒或特殊培训资料、升降职原因、最后一次内部转换的资料等；服务与离职资料，包括任职时间长度、离职次数及离职原因等；工作态度，包括生产效率、质量状态、缺勤和迟到早退记录、建议数量和采纳数、有否抱怨、抱怨内容等；安全与事故资料，包括因工受伤和非因工受伤、伤害程度、事故次数类型及原因等；工作或职务情况；工作环境情况；工作或职务的历史资料；职位分析相关信息，包括职位应有的职务、责任、权利以及履行这些职务、责任、权利所需要的任职资格等。

2. 替换单法

替换单法是通过职位空缺来预测人力需求的方法，而职位空缺主要是因离职、辞退、晋升或业务扩大产生的。通过替换单法，企业可以得到由职位空缺表示的人员需求量，也可以得到由在职者年龄和晋升可能性所将要产生的职位空缺，以便采取录用或提升的方式弥补空缺。

替换单法的优点：①侧重内部员工的晋升，可以起到鼓舞员工士气、激励员工的作用；②降低招聘成本，因为基层员工比较容易招到。

替换单法的缺点：①所招聘的岗位局限于基层员工，不利于企业补充新鲜血液，致使组织僵化；②为企业的政治行为提供温床，不利于员工关系的培养。

替换单法的适应范围：可用于企业短期乃至中、长期的人力资源需求预测。

## （二）人力资源需求预测方法

人力资源需求预测方法主要有定性预测方法、定量预测方法等。

### 1. 定性预测方法

（1）经验预测法

经验预测法是人力资源需求预测中最简单的方法，它适合于较稳定的小型企业。经验预测法就是用以往的经验来推测未来的人员需求。不同管理者的预测可能有偏差，但可以通过多人综合预测或查阅历史记录等方法来提高预测的准确率。要注意的是，经验预测法只适用于一定时期的企业的发展状况没有发生方向性变化的情况，对于新的职务或者工作方式发生变化的职务，不适合使用此法。

（2）经理判断法

经理判断法是最常用的人力资源需求预测方法之一。这种方法要求经理们认真分析他们未来一段时期的工作量或业务量，然后确定他们需要多少人员。经理判断法有两种形式："自下而上"和"自上而下"。采用"自下而上"的形式预测人力资源需求时，由一线经理提交人力资源需求预测方案，上级管理部门审批。在许多时候，也可以采用"自上而下"的形式，由最高管理层预测企业及其各部门人力资源的需求情况，人事部门参与讨论，提出建议。预测结果要与部门经理讨论，并征得部门经理的同意。

最好的预测方法是将"自下而上"和"自上而下"两种形式结合起来。由最高管理层为部门经理准备一个人力资源规划指南，该指南明确了企业未来经营活动的基本设想，以及预期所要实现的目标。部门经理根据规划指南对本部门的人力资源需求进行预测，人事部门要为业务部门的人力资源需求预测提供咨询和帮助。同时，人事部门要对企业整体的人力资源需求进行预测。由主要部门负责人组成的人力资源规划小组，对业务部门和人事部门的需求预测报告进行审核和协调，将修改后的人力资源需求预测报告提交最高管理层审批。

经理判断法适用于短期预测和组织的生产比较稳定的情况，对于新的岗位或者工作方式发生了大的变化的岗位，不适合使用此法。

（3）德尔菲法

德尔菲法是有关专家对企业组织某一方面的发展的观点达成一致的结构性方法。使用该方法的目的是通过综合专家们各自的意见来预测某一方面的发展。

德尔菲法的特征是：①吸收专家参与预测，充分利用专家的经验、学识；②采用匿名或背靠背的方式，能使每一位专家独立自由地作出自己的判断；③预测过程经过几轮反馈，使专家的意见逐渐趋同。

这种预测方法具有可操作性，且可以综合考虑社会环境、企业战略和人员流动三大因素对企业人力资源规划的影响，因而运用比较普遍。但其预测结果具有强烈的主观性和模糊性，无法为企业制定准确的人力资源规划政策提供详细可靠的数据信息。

（4）工作研究法

工作研究法使用的前提是完成一项工作所需的时间和所需的人员数量是可以测定的。在生产企业中应用这种方法时首先要确定企业计划的生产量或者每个部门的任务量，然后根据直接生产工人的标准工时和每个工人每年正常的工作时间计算所需的直接工人数量。这种方法和下文将要介绍的比例分析法结合使用可以计算出企业所需的间接生产人员的数量。

（5）描述法

描述法是指人力资源部门对组织未来的目标和相关因素进行假定性描述与分析，并作出多种备选方案。描述法通常用于环境变化或企业变革时的需求分析。

2. 定量预测方法

（1）趋势外推法

趋势外推法是时间序列法中的一种，即利用过去的员工人数预测未来人力资源的需求。采用这种方法的关键是选择一个对员工人数有重要影响的预测变量，最常用的预测变量为销售量、生产率等。其具体做法是：将企业人力资源需求量作为横轴，时间为纵轴，在坐标轴上直接绘出人力资源需求曲线。这样，根据需求曲线就可以预测企业未来某一时点的人力资源需求量。但这种方法过于简单，只能预测人力资源需求的大概走势，因此只适用于市场比较稳定的短期预测。

（2）回归分析法

回归分析法是通过建立人力资源需求与其影响因素之间的函数关系，从影响因素的变化来推测未来的人力资源需求量。

该方法的优点是便于利用历史数据，理论完整，在目前企业人力资源规划中适合于以年为单位预测总量变化。但是，由于很多企业的历史统计数据时间短、样本少，该方法的应用存在一定的局限性。

（3）生产函数法

最典型的生产函数为道格拉斯生产函数，由道格拉斯生产函数可以推出：

$$\log L = (\log Y - \beta \log C - \log u - \log A(t)) \div \alpha$$

式中：

$L$——劳动力投入量。

$Y$——总产出水平。

$C$——资本投入量。

$u$——对数正态分布误差项。

$A(t)$——总生产率系数（近似于常数）。

$\alpha$，$\beta$——分别为劳动和资金产出弹性系数。

一旦预测出企业在 $t$ 时间的产出水平和资本总额，即可得出在 $t$ 时刻企业人力资源需求量。

（4）定员法

定员法适用于大型企业和历史久远的传统企业。由于企业的技术更新比较缓慢，企业发展思路非常稳定，每个职务和人员编制也相对确定，这类企业的人力资源预测可以根据企业人力资源现状来推测出未来的人力资源状况。在实际应用中，有设备定员法、岗位定员法、比例定员法和效率定员法等几种方式。

（5）比例分析法

比例分析法是通过分析过去直接生产人员和间接生产人员的比例，

并且在考虑未来组织或生产方式可能变化的基础上，预测未来直接生产人员与间接生产人员的比例。当采用工作研究法确定了直接生产人员所需数量后，可利用比例分析法确定间接生产人员所需的数量。

# 参考文献

[1] 蔡沐鑫. C 单位人力资源配置优化研究 [D]. 南昌：江西财经大学，2023.

[2] 藏晶晶. 平衡计分卡在 W 公司人力资源部门绩效管理中的应用研究 [D]. 乌鲁木齐：新疆大学，2021.

[3] 褚吉瑞，李亚杰，潘娅. 人力资源管理 [M]. 成都：电子科技大学出版社，2020.

[4] 范晨燕. 企业人力资源招聘与合理配置研究 [J]. 现代商业，2020（10）：45–46.

[5] 龚一萍，周凌霄. 人力资源管理 [M]. 武汉：武汉大学出版社，2017.

[6] 管国亮. 人力资源招聘与配置的问题及对策 [J]. 人力资源，2021（10）：66–67.

[7] 何昌霞. 浅谈培训开发的流程及运用 [J]. 劳动保障世界，2019（17）：2–3.

[8] 郎虎，王晓燕，吕佳. 人力资源管理探索与实践 [M]. 吉林人民出版社，2021.

[9] 林兰兰. 企业员工的培训与开发探究 [J]. 中国中小企业，2021（12）：129–130.

[10] 刘静. 人力资源招聘与配置中的问题与对策 [J]. 人才资源开发，2022（1）：93–94.

[11] 刘娜欣. 人力资源管理 [M]. 北京：北京理工大学出版社，2018.

[12] 刘燕，曹会勇. 人力资源管理 [M]. 北京：北京理工大学出版社，2019.

[13] 刘洋. H 公司人力资源规划研究 [D]. 成都：电子科技大学，2021.

[14] 刘倬. 人力资源管理 [M]. 沈阳：辽宁大学出版社，2018.

[15] 吕菊芳. 人力资源管理 [M]. 武汉：武汉大学出版社，2018.

[16] 马蜀媛. T 公司人力资源培训体系优化研究 [D]. 成都：四川师范大学，2021.

[17] 苗军. 企业内外部招聘效能比较分析 [J]. 合作经济与科技，2017（15）：138–139.

[18] 莫芳. 员工的招聘和甄选体系及员工关系管理策略 [J]. 中小企业管理与科技（中旬刊），2021（8）：170–171.

[19] 牛春颖. 员工培训模式与人力资源开发效果关系分析 [J]. 现代工业经济和信息化，2019，9（9）：103–104.

[20] 欧阳远晃，王子涵，熊晶远. 现代人力资源管理 [M]. 长沙：湖南师范大学出版社，2018.

[21] 潘颖，周洁，付红梅. 人力资源管理 [M]. 成都：电子科技大学出版社，2020.

[22] 彭良平. 人力资源管理 [M]. 武汉：湖北科学技术出版社，2021.

[23] 邱启灿. 平衡计分卡在 HT 公司人力资源部门绩效管理的应用 [D]. 青岛：山东

大学，2019.

[24] 桑颖 . 人力资源管理中的员工招聘与培训分析 [J]. 营销界，2022（24）：111-113.

[25] 宋岩，彭春凤，臧义升 . 人力资源管理 [M]. 武汉：华中师范大学出版社，2020.

[26] 汤红艳 . 人力资源绩效管理流程与方法的优化研究 [D]. 武汉：湖北工业大学，2019.

[27] 田斌 . 人力资源管理 [M]. 成都：西南交通大学出版社，2019.

[28] 田迎迎 . N 公司员工招聘管理优化研究 [D]. 上海：华东师范大学，2022.

[29] 王眉 . S 公司员工培训体系优化研究 [D]. 成都：四川师范大学，2023.

[30] 文跃然 . 人力资源战略与规划（第 2 版）[M]. 上海：复旦大学出版社，2017.

[31] 杨广强 . 企业人才招聘策略的优化与完善探析——以 X 公司为例 [J]. 智库时代，2019（16）：52-53.

[32] 杨霞 . 浅谈人力资源招聘与培训的内在关系 [J]. 人力资源，2019（4）：45-46.

[33] 尹乐，苏杭 . 人力资源战略与规划 [M]. 杭州：浙江工商大学出版社，2017.

[34] 张健东，钱坤，谷力群，等 . 人力资源管理理论与实务 [M]. 北京：中国纺织出版社，2018.

[35] 张燕娣 . 人力资源培训与开发 [M]. 上海：复旦大学出版社，2022.

[36] 张月 . Z 公司人力资源绩效管理的研究 [D]. 北京：北京化工大学，2020.

[37] 赵洪澜 . 人力资源开发与员工培训的关联性 [J]. 人力资源，2021（14）：62-63.

[38] 诸葛剑平 . 人力资源管理 [M]. 杭州：浙江工商大学出版社，2020.

winshare文轩

四川科学技术出版社

# 人力资源管理
## 理论与实务

ISBN 978-7-5727-1336-1

9 787572 713361 >

定价：65.00元